CIÊNCIAS

MARCHA CRIANÇA

4º ANO

Maria Teresa Marsico

Professora graduada em Letras pela Universidade Federal do Rio de Janeiro (UFRJ) e em Pedagogia pela Sociedade Unificada de Ensino Superior Augusto Motta. Atuou por mais de trinta anos como professora de Educação Infantil e Ensino Fundamental das redes municipal e particular no município do Rio de Janeiro.

Maria Elisabete Martins Antunes

Professora graduada em Letras pela Universidade Federal do Rio de Janeiro (UFRJ). Atuou durante trinta anos como professora titular em turmas do 1º ao 5º ano na rede municipal de ensino do Rio de Janeiro.

Armando Coelho de Carvalho Neto

Atua desde 1981 com alunos e professores das redes oficial e particular de ensino do Rio de Janeiro. Desenvolve pesquisas e estudos sobre metodologias e teorias modernas de aprendizado. É autor de obras didáticas para Ensino Fundamental e Educação Infantil desde 1993.

Agora você também consegue acessar o *site* exclusivo da **Coleção Marcha Criança** por meio deste QR code.

Basta fazer o *download* de um leitor QR code e posicionar a câmera de seu celular ou *tablet* como se fosse fotografar a imagem acima.

CB028474

editora scipione

editora scipione

Diretoria de conteúdo e inovação pedagógica
Mário Ghio Júnior

Diretoria editorial
Lidiane Vivaldini Olo

Gerência editorial
Luiz Tonolli

Editoria de Anos Iniciais
Tatiany Telles Renó

Edição
Tais Freire Rodrigues

Arte
Ricardo de Gan Braga (superv.),
Andréa Dellamagna (coord. de criação),
Gláucia Correa Koller (progr. visual de capa e miolo),
Eber Alexandre de Souza (editor de arte),
Letícia Lavôr (assist.) e Casa de Tipos (diagram.)

Revisão
Hélia de Jesus Gonsaga (ger.),
Rosângela Muricy (coord.), Ana Curci,
Ana Paula Chabaribery Malfa, Luís Maurício Boa Nova
e Vanessa de Paula Santos

Iconografia
Sílvio Kligin (superv.), Claudia Balista (pesquisa),
Cesar Wolf e Fernanda Crevin (tratamento de imagem)

Ilustrações
ArtefatoZ (capa), Carlos Avalone, Cassiano Röda,
Fábio Sgroi, Ilustra Cartoon, J. Rodrigues,
Jurandir Ribeiro, Kazuhiko, Luís A. Moura,
Osni de Oliveira e Sattu

Cartografia
Eric Fuzii, Marcelo Seiji Hirata, Marcio Souza,
Robson Rosendo da Rocha e Allmaps

Direitos desta edição cedidos à Editora Scipione S.A.
Avenida das Nações Unidas, 7221, 3º andar, Setor D
Pinheiros – São Paulo – SP – CEP 05425-902
Tel.: 4003-3061
www.scipione.com.br / atendimento@scipione.com.br

Dados Internacionais de Catalogação na Publicação (CIP)
(Câmara Brasileira do Livro, SP, Brasil)

Marsico, Maria Teresa
     Marcha criança : ciências, 4º ano : ensino
fundamental 1 / Maria Teresa Marsico, Maria Elisabete
Martins Antunes, Armando Coelho de Carvalho Neto.
– – 13. ed. – – São Paulo : Scipione, 2015. – – (Coleção
marcha criança)

     Bibliografia.

     1. Ciências (Ensino fundamental) I. Antunes, Maria
Elisabete Martins. II. Carvalho Neto, Armando Coelho de.
III. Título. IV. Série.

15-02822   CDD-372.35

Índice para catálogo sistemático:
1. Ciências : Ensino fundamental   372.35

2018
ISBN 978 85 262 9580 3 (AL)
ISBN 978 85 262 9579 7 (PR)
Cód. da obra CL 738994
CAE 541662 (AL) / 541663 (PR)
13ª edição
7ª impressão

Impressão e acabamento
Corprint

Os textos sem referência
são de autoria de Maria Teresa
Marsico e Armando Coelho.

Apresentação

Querido aluno, querida aluna,

Preparamos este livro com muito carinho especialmente para você. Ele está repleto de situações e atividades motivadoras, que certamente despertarão seu interesse e lhe proporcionarão muitas descobertas. Esperamos que com ele você encontre satisfação no constante desafio de aprender!

Ao final de cada Unidade apresentamos a seção **Ideias em ação**. Nela, você e seus colegas colocarão em prática alguns dos conhecimentos adquiridos no decorrer de seus estudos.

Além disso, como novidade, temos a seção **O tema é...**, trazendo para você temas para discutir, opinar e conhecer mais. De modo envolvente, essa seção preparará você e seus colegas para compreender melhor o mundo em que vivemos.

Crie, opine, participe, aprenda e colabore para fazer um mundo melhor. E lembre-se sempre de compartilhar seus conhecimentos com todos a sua volta.

Bons estudos e um forte abraço,

Maria Teresa, Maria Elisabete e Armando

Conheça seu livro

Veja a seguir como o seu livro está organizado.

Unidade

Seu livro está organizado em quatro Unidades. As aberturas são em páginas duplas. Em **Vamos conversar?** você e seus colegas discutem algumas questões e conversam sobre a imagem de abertura e o tema que permeará toda a Unidade. Em **O que vou estudar?** você encontra um resumo do que vai aprender em cada Unidade.

Ideias em ação

Esta seção encerra a Unidade. Nela, você faz experimentos e constrói objetos seguindo algumas etapas.

Atividades

Momento de aplicar o conhecimento na prática por meio de atividades diversificadas.

Saiba mais

Seção com curiosidades ou informações mais detalhadas sobre alguns temas relativos à disciplina de Ciências.

O tema é...

Seção que traz temas para você discutir, opinar e aprender mais!

Sugestões para o aluno

Seleção de livros, CDs, *sites* e DVDs para complementar seus estudos e ampliar seus conhecimentos.

Glossário

Para facilitar o entendimento, você encontra o significado de algumas palavras no final do livro. Essas palavras aparecem destacadas no texto.

Materiais de apoio

Revista de Ciências

Revista que aborda uma grande variedade de temas científicos complementares. Cada edição contém uma reportagem especial de capa e diversas seções sobre meio ambiente, sustentabilidade, geração de energia, saúde, entre outros assuntos. No fechamento de cada edição há uma divertida atividade para você testar seus conhecimentos e aprender ainda mais.

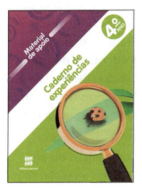

Caderno de experiências

Material no final do livro que contém instruções para a realização de diversas experiências. Nesse caderno, você segue as instruções passo a passo para criar experiências utilizando os materiais indicados no livro. Depois disso, você observa os resultados e responde às questões no fim de cada atividade.

Caderno de criatividade e alegria

Material no final do livro que traz atividades manuais criativas e divertidas para você aprofundar seus conhecimentos.

Página ➕

No final do livro, você encontra uma página especial ilustrada, que destaca alguns dos assuntos explorados no livro.

Quando você encontrar estes ícones, fique atento!

 atividade oral

 atividade no caderno

 atividade em grupo

 Este ícone indica objetos educacionais digitais (OEDs) relacionados aos conteúdos do livro. Acesse: www.marchacrianca.com.br.

Sumário

O Universo

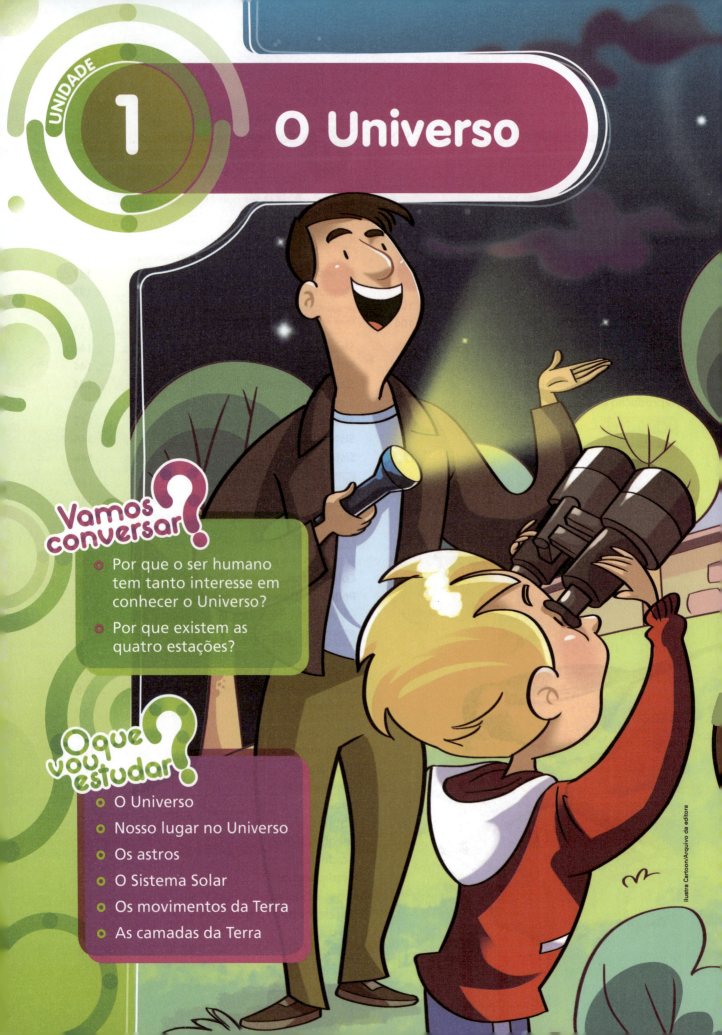

Vamos conversar?

- Por que o ser humano tem tanto interesse em conhecer o Universo?

- Por que existem as quatro estações?

O que vou estudar?

- O Universo
- Nosso lugar no Universo
- Os astros
- O Sistema Solar
- Os movimentos da Terra
- As camadas da Terra

O Universo

OED

Como será que tudo começou? Essa é uma das perguntas mais misteriosas que existem e ainda não há uma resposta definitiva para ela.

A maioria dos cientistas acredita que o Universo surgiu a partir do *big-bang* ('grande explosão' em português), que foi uma explosão gigantesca que aconteceu há muito tempo (13,7 bilhões de anos!).

O resultado disso foi o nascimento de bilhões de estrelas e também o surgimento de planetas, incluindo o nosso – um planeta muito especial, a Terra.

Mas o que é o Universo?

O Universo é formado por tudo o que existe: desde as coisas pequenas, como microrganismos, até as maiores, como as estrelas, os planetas e todo o espaço que há entre eles.

Nasa/A. Weiss Et Al/SPL/Latinstock

Imagem da galáxia Centaurus A, na constelação do Centauro, localizada a cerca de 11 milhões de anos-luz da Terra. A imagem foi obtida por meio de um potente telescópio chamado APEX, que fica num observatório no deserto do Atacama, no Chile. Instrumentos como este permitem a exploração do Universo.

● Nosso lugar no Universo

Fazemos parte do Universo, habitamos o planeta Terra e somos aquecidos por uma estrela, o Sol.

O Sol é a nossa estrela mais importante, mas não é a única, já que existem muitas outras no Universo. As estrelas ficam agrupadas em galáxias, que podem ter diversas formas.

Nossa galáxia se chama **Via Láctea**.

Existem milhares de galáxias em forma de espirais como a nossa. Também existem diversas galáxias elípticas e irregulares.

Além das estrelas e dos planetas, uma boa parte da galáxia é formada por gases.

A maioria das galáxias só é registrada por telescópios, mas algumas podem ser vistas a olho nu, como a galáxia de Andrômeda, que é uma das mais próximas da nossa.

Imagem da galáxia de Andrômeda, vista do alto de uma montanha na Terra, sem a ajuda de aparelhos.

Constelações

Há uns 10 mil anos, o ser humano já percebia que as estrelas do céu eram bem diferentes umas das outras e, por isso, resolveu reunir as estrelas em grupos, que nós chamamos de **constelações**.

Depois de mapear as constelações, o ser humano passou a imaginar figuras formadas por elas, como se fosse uma brincadeira de ligar pontos. Conforme os desenhos apareciam, as constelações recebiam um nome. A constelação de Órion, por exemplo, recebeu esse nome porque seu conjunto de estrelas tinha a forma de um caçador (Órion era um caçador na mitologia grega).

Você já viu as Três Marias? Elas fazem parte da constelação de Órion. Veja a foto a seguir e verifique se você as reconhece, olhando numa noite para o céu limpo.

Três Marias

As Três Marias representam o cinturão do caçador Órion.

Cruzeiro do Sul

A constelação do Cruzeiro do Sul também pode ser vista por nós a olho nu. São cinco as estrelas que a formam: quatro delas, reunidas duas a duas, representam o lado maior e o menor de uma cruz imaginada no céu. O lado maior é formado pelas estrelas Alfa e Gama do Cruzeiro. A reta menor da cruz é formada pelas estrelas Beta (ou Mimosa) e Delta (ou Pálida) do Cruzeiro.

Além dessas quatro estrelas, outra se destaca na constelação do Cruzeiro do Sul. Não pelo brilho que apresenta, pois ela é menos brilhante do que essas quatro. Ela chama a atenção porque fica numa posição que parece atrapalhar o desenho da cruz no céu. Por isso, aqui no Brasil, ela é chamada de Intrometida. A Intrometida é também denominada Épsilon do Cruzeiro do Sul, por ser a quinta estrela de menor brilho da constelação – e Épsilon é a quinta letra do alfabeto grego.

Cruzeiro do Sul

Disponível em: <www.plenarinho.gov.br/educacao/Reportagens_publicadas/de-olho-no-ceu>.
Acesso em: 1º maio 2015. (Texto adaptado).

Unidade 1

● Os astros

Lua

Sol

Fotos: PhotoDisc

O Universo, que costumamos chamar de espaço, é formado por grandes regiões vazias, galáxias, estrelas, planetas, satélites e cometas. Tudo o que vemos no espaço é chamado de **astro** ou **corpo celeste**.

O Sol e as outras estrelas, os satélites (como a Lua) e os planetas são astros.

Os astros podem ser luminosos ou iluminados.

Astro luminoso é aquele que tem luz própria, como o Sol e as outras estrelas. **Astro iluminado** é aquele que não tem luz própria; ele apenas reflete a luz que recebe de uma estrela. É o caso dos planetas, como a Terra, dos satélites, como a Lua, e dos planetas-anões, como Plutão.

Planetas são astros esféricos que giram em torno de uma estrela, como o Sol, da qual recebem luz e calor. Eles têm a vizinhança em torno de sua órbita livre. **Satélites** são astros que giram em torno dos planetas. A luz refletida pelos satélites vem da mesma estrela que ilumina o planeta ao redor do qual eles giram.

Assim, a Terra é um planeta iluminado pelo Sol. A Lua é o satélite natural da Terra. O brilho da Lua que vemos da Terra nada mais é do que o reflexo da luz que ela recebe do Sol.

Atividades

1 Complete as informações com as palavras do quadro.

> Sol   satélites   planetas
>
> Lua   estrela   Terra

a) O _____ é uma _____; tem luz própria.

b) A _____ é um planeta e a _____ é um satélite. Eles não têm luz própria.

c) Os _____ giram em torno de uma estrela e os _____ giram em torno de planetas.

2 Leia o texto a seguir:

Marcos Pontes, o primeiro astronauta brasileiro

Entre mais de 6 bilhões de pessoas na superfície da Terra, apenas cerca de 400 representantes da humanidade conseguiram chegar ao espaço e puderam ver o nosso planeta e o firmamento em todo o seu esplendor. Marcos Pontes está entre essas poucas pessoas.

Desde junho de 1998, quando foi selecionado pela Agência Espacial Brasileira, Marcos Pontes permanece continuamente à disposição do Programa Espacial Brasileiro, como astronauta, para a realização de missões tripuladas.

Marcos Pontes, antes do embarque em sua primeira missão espacial.

Disponível em: <www.marcospontes.com/astronauta/astronauta.htm>.
Acesso em: 29 set. 2011. (Texto adaptado).

o Agora, converse com seu professor e colegas e responda: as missões espaciais são importantes? Por quê?

O Sistema Solar

O Sistema Solar é composto pelo Sol; planetas; planetas-anões; satélites; e pequenos corpos celestes, que são <mark>asteroides</mark>, cometas, entre outros.

Há oito planetas no Sistema Solar: Mercúrio, Vênus, Terra, Marte, Júpiter, Saturno, Urano e Netuno.

Esquema fora de escala. Cores fantasia.

Cassiano Rôda/Arquivo da editora

Representação do Sistema Solar

Os planetas se dividem basicamente em dois grandes grupos: os quatro pequenos planetas rochosos perto do Sol (Mercúrio, Vênus, Terra e Marte) e os quatro planetas maiores, gasosos e mais distantes do Sol (Júpiter, Saturno, Urano e Netuno). Plutão, que anteriormente era considerado planeta, foi rebaixado à categoria de planeta-anão.

Até hoje só foi detectada vida na Terra. Acredita-se que nos demais planetas não há condições favoráveis para a existência de outros seres vivos por motivos como: as temperaturas ou são muito quentes ou são frias demais (Mercúrio fica muito próximo do Sol, enquanto Netuno, muito longe) e não há água ou outros recursos que proporcionem a sobrevivência de espécies.

● A origem do Sistema Solar

Embora não sejam totalmente confirmadas, há teorias que explicam a origem do Sistema Solar baseadas em fortes indícios.

Leia um pouco a respeito:

Concepção artística da formação do Sistema Solar

Há cerca de 4,5 bilhões de anos, uma zona do espaço rica em gases e poeira teria provavelmente sido atingida pela explosão de uma supernova, o que levou uma parte daqueles materiais a se condensar graças à força da gravidade. Formou-se assim um núcleo denso que agrupava a maior parte dessa matéria, dando origem a uma estrela: o Sol. O material restante permaneceu em um disco que girava em torno da estrela. As colisões entre partículas de poeira e algumas pequenas rochas fizeram com que estas se condensassem à volta de determinados pontos, dando lugar aos corpos que hoje denominamos planetas.

Atlas de Astronomia, de José Tola. São Paulo: FTD, 2007. (Texto adaptado).

Saiba mais

Kepler encontra novo sistema planetário

painel solar

antena

Telescópio Kepler

O satélite Kepler, da Nasa, que vem realizando buscas por planetas semelhantes à Terra desde 2009, encontrou um novo sistema planetário com seis planetas orbitando uma estrela semelhante ao Sol – sendo cinco desses exoplanetas pequenos com órbitas muito próximas da estrela.

A pesquisa da Universidade da Califórnia conseguiu determinar os tamanhos e massas dos planetas, além de descobrir sua composição, usando medições do Kepler de mudanças no brilho da estrela Kepler-11, centro do sistema planetário, conforme os seis planetas passavam a sua frente.

[...]

Como é o caso no nosso Sistema Solar, todos os planetas do Kepler-11 orbitam mais ou menos no mesmo plano, o que reforça a ideia de que os planetas se formam em discos achatados de gás e poeira girando ao redor das estrelas e que o padrão de disco se conserva.

Disponível em: <www.estadao.com.br/noticias/vidae,kepler-encontra-novo-sistema-planetario,674374,0.htm>.
Acesso em: 4 dez. 2014.

Atividades

1 Assinale as frases verdadeiras.

◯ Sistema Solar é o conjunto formado por astros que giram em torno do Sol, como planetas, planetas-anões, satélites e pequenos corpos celestes, como asteroides e cometas.

◯ O Sol é um astro iluminado e a Terra é um astro luminoso.

◯ A Terra e a Lua são astros iluminados.

◯ Planetas são astros esféricos que giram em torno de uma estrela.

◯ Plutão é considerado um planeta-anão.

◯ Satélites são astros que giram em torno de várias estrelas.

o Reescreva abaixo as frases erradas, corrigindo-as:

....

....

2 Observe o esquema do Sistema Solar da página 16 e responda às questões.

a) Qual planeta recebe mais luz e calor do Sol? Por quê?

....

....

b) Qual é o planeta mais frio do Sistema Solar? Por quê?

....

3 Explique como você imagina que seria a Terra sem a luz e o calor do Sol.

....

....

....

O tema é...

Poluição luminosa: será que ela pode nos atrapalhar?

 Você já teve dificuldade para dormir por causa da luz que entra pela janela do quarto? Você acredita que a luz artificial de uma cidade pode prejudicar a observação do céu? Converse com os colegas e veja o que eles acham.

Observar o céu durante as noites sem chuva pode ser uma verdadeira viagem espacial. Os astros, os planetas e até mesmo os satélites artificiais compõem um grande balé luminoso no céu.

Essa observação é importante principalmente para os astrônomos, que estudam o céu em busca de informações que possam ajudar o nosso desenvolvimento aqui na Terra. Mas e quando a luz artificial das cidades começa a afetar essa importante atividade?

Muita iluminação, pouca visão

"Poluição luminosa é quando a iluminação artificial é usada de forma exagerada e inadequada", explica astrônoma Tânia Dominici, do Laboratório Nacional de Astrofísica. Se você mora em uma cidade grande, pode dar um passeio à noite e conferir: são muitos postes de luz, decorações luminosas em prédios e monumentos públicos, sem falar nas casas e prédios com muitas lâmpadas acesas. A poluição luminosa pode prejudicar os animais que se guiam pelo brilho das estrelas e dependem dele para a própria sobrevivência; dificultar o trabalho de astrônomos que precisam observar o céu detalhadamente; e até mesmo atrapalhar a nossa saúde, já que precisamos dormir na completa escuridão para o corpo conseguir descansar!

Ciência Hoje das Crianças. Disponível em: <http://chc.cienciahoje.uol.com.br/muita-iluminacao-pouca-visao/>. Acesso em: 16 mar. 2015. (Texto adaptado).

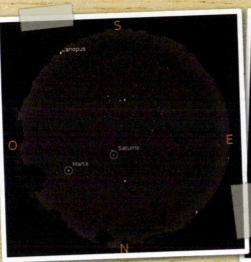

Fotos: Tânia Domicini/Laboratório Nacional de Astrofísica

Veja, à esquerda, a imagem do céu visto a partir de uma cidade. À direita, a imagem do céu que seria vista a partir do mesmo local e horário, caso não houvesse nenhuma interferência da iluminação artificial.

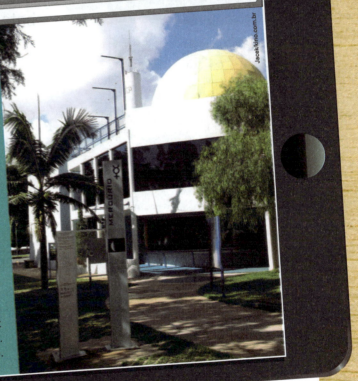

Telescópios na escola

O programa educacional Telescópios na Escola (TnE) é um projeto desenvolvido entre instituições acadêmicas e escolas de Ensino Fundamental e Médio. O programa visa o ensino em ciências utilizando telescópios robóticos para a obtenção de imagens dos astros em tempo real. Os telescópios são operados remotamente a partir de uma página de internet, não necessitando de conhecimento prévio em Astronomia.

Telescópios na Escola. Disponível em: <www.telescopiosnaescola.pro.br>. Acesso em: 16 mar. 2015.

Jacek/kino.com.br

- Pesquise mais informações sobre a poluição luminosa. Descubra os impactos sociais e ambientais que ela pode causar e as formas de evitar e reverter a poluição luminosa das grandes cidades do Brasil.
Sugestão de *site* para pesquisa: Laboratório Nacional de Astrofísica. Disponível em: <www.lna.br/lp/index.html>. Acesso em: 16 mar. 2015.

Os movimentos da Terra

Nosso planeta é um astro que está sempre em movimento no espaço. Em um desses movimentos, ele gira em torno de si mesmo.

Ilustrações: Ilustra Cartoon/Arquivo da editora

Veja o que Flávia fez para demonstrar a seu irmão mais novo como a Terra se movimenta:

Um dia, logo às 8 horas da manhã, ela colocou uma garrafa de plástico no quintal de sua casa, em um lugar em que bate sol durante todo o dia.

Com um pedaço de giz, marcou o contorno da sombra da garrafa no chão.

Flávia repetiu o procedimento em outros horários. Ela marcou o contorno da sombra da garrafa no chão às 10 horas da manhã, ao meio-dia e às 2 horas da tarde.

Agora, veja o que Flávia mostrou a seu irmão. O que você conclui?

Flávia demonstrou ao seu irmão o movimento de rotação da Terra, em que ela gira em torno do próprio eixo (veja abaixo).

● Movimento de rotação

No movimento de rotação, a Terra gira em torno de um eixo imaginário como se fosse um pião. Para dar uma volta completa, a Terra leva cerca de 24 horas, ou seja, um dia.

O movimento de rotação determina os dias e as noites em nosso planeta. Na parte do planeta que recebe a luz do Sol é dia; na parte que fica sem iluminação é noite. Veja o esquema:

Esquema fora de escala. Cores fantasia.

Terra

noite

dia

Sol

linha do equador

eixo terrestre

Cassiano Róda/Arquivo da editora

Saiba mais

O movimento aparente do Sol

Se prestarmos atenção na posição do Sol em diferentes horas de um mesmo dia, teremos a impressão de que é ele que se move. Chamamos isso de **movimento aparente do Sol**.

Esse movimento, no entanto, é apenas aparente, ou seja, não corresponde à realidade, já que o Sol não se movimenta em torno da Terra. Mas, em razão do movimento de rotação da Terra, o Sol aparece de manhã em uma direção no horizonte e, ao entardecer, desaparece no lado oposto, dando-nos a impressão de que se moveu pelo céu.

Observando esse movimento aparente do Sol, é possível nos orientarmos na Terra. Veja a figura:

Ilustra Cartoon/Arquivo da editora

O braço direito da menina aponta a direção em que o Sol aparece de manhã: o leste (L); o braço que aponta para o lado oposto, ou seja, o esquerdo, indica o oeste (O); à frente da menina está o norte (N) e atrás dela está o sul (S).

● Movimento de translação

Além de girar em torno de si mesma, a Terra gira ao redor do Sol: é o movimento de translação.

Nesse movimento, o planeta descreve uma trajetória praticamente circular. Para dar uma volta completa em torno do Sol, a Terra leva 365 dias e 6 horas, ou seja, um ano.

A Terra gira inclinada em relação ao plano de sua órbita. Por isso nosso planeta não recebe a luz e o calor do Sol de maneira uniforme (ou por igual). Ora é o hemisfério norte que recebe os raios solares mais diretamente, ora é o hemisfério sul.

A inclinação da Terra em relação ao plano de sua órbita e o movimento de translação dão origem às estações do ano: primavera, verão, outono e inverno, como veremos.

● Solstício e equinócio

Considerando que noite seja o período do dia em que não recebemos luz solar, e dia o período em que o Sol está aparente, podemos dizer que a duração das noites e dos dias não é a mesma durante todo o ano. Há um período em que os dias são mais longos e as noites mais curtas, e outro em que as noites são mais longas e os dias mais curtos.

O dia mais longo do ano se chama solstício de verão, e a noite mais longa do ano, solstício de inverno. Entenda o porquê.

Solstício de verão

O fato de a Terra girar de forma inclinada faz com que, em determinada época do ano, a luz solar incida com maior intensidade sobre o hemisfério sul (onde fica o Brasil) e, na outra parte do ano, incida com maior intensidade sobre o hemisfério norte, caracterizando o **solstício**.

O dia 22 de dezembro é o mais longo do ano para nós que estamos no hemisfério sul e, consequentemente, a noite mais curta, o que marca o início do verão. Assim, chamamos o fenômeno de solstício de verão.

Solstício de inverno

O dia 22 de junho tem a noite mais longa e o dia mais curto do ano para o hemisfério sul, o que marca o início do inverno. A esse fenômeno, damos o nome de solstício de inverno.

No hemisfério norte também ocorrem os solstícios, mas exatamente ao contrário: quando é verão aqui, é inverno lá.

Equinócio

Em dois dias do ano, a luz solar incide de maneira igual sobre os dois hemisférios (sul e norte). Por isso, a noite e o dia têm a mesma duração – fenômeno que chamamos de **equinócio**.

Esses dias marcam o início de outras estações do ano. No caso do hemisfério sul, 23 de setembro representa o equinócio de primavera e 21 de março representa o equinócio de outono.

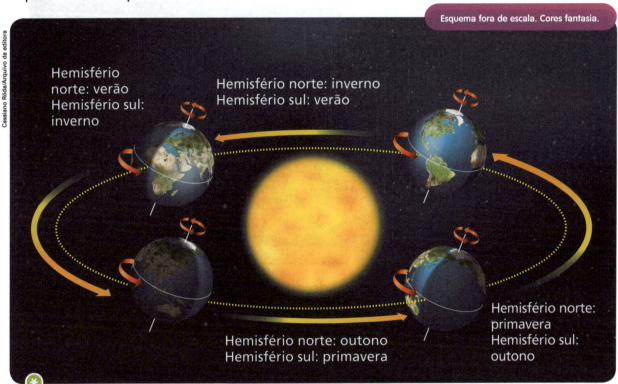

Esquema fora de escala. Cores fantasia.

Hemisfério norte: verão
Hemisfério sul: inverno

Hemisfério norte: inverno
Hemisfério sul: verão

Hemisfério norte: outono
Hemisfério sul: primavera

Hemisfério norte: primavera
Hemisfério sul: outono

Cassiano Róda/Arquivo da editora

Repare que as estações do ano nos hemisférios sul e norte são "opostas".

Saiba mais

Você já ouviu falar em ano bissexto?

Nos anos bissextos, o calendário passa a ter também o dia 29 de fevereiro e, então, o ano fica com 366 dias. Isso é feito para ajustar o calendário ao tempo de translação da Terra, que dura aproximadamente 365 dias e 6 horas. Essas 6 horas são somadas a cada quatro anos e completam 24 horas, o que significa um dia extra.

Saiba mais

Eclipse

Quando um astro fica entre o Sol e outro corpo celeste, este corpo celeste é ocultado, ou seja, fica encoberto na visão do observador. Este fenômeno é chamado de eclipse.

Aqui da Terra podemos observar dois tipos de eclipse: o lunar e o solar.

O **eclipse lunar** ocorre quando a Terra fica entre a Lua e o Sol, e aqui da Terra podemos ver a Lua encoberta pela sombra terrestre nela projetada.

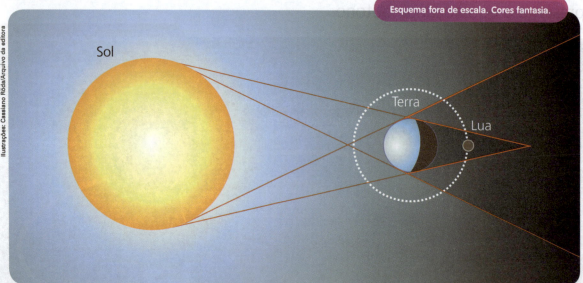

Esquema fora de escala. Cores fantasia.

Ilustrações: Cassiano Róda/Arquivo da editora

Já o **eclipse solar** ocorre quando a Lua fica alinhada entre a Terra e o Sol. Aqui da Terra podemos ver o Sol encoberto pela Lua, cuja sombra é projetada na Terra.

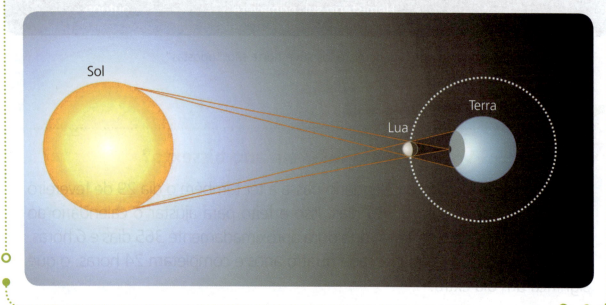

1 Leia:

> O fenômeno das estações ocorre graças à inclinação da Terra em relação ao plano de sua órbita e ao movimento de translação. Quando no hemisfério norte os raios do Sol chegam mais diretamente e o tempo fica mais quente, é verão. Enquanto isso, é inverno no hemisfério sul, ou seja, ele recebe os raios solares mais inclinadamente e o tempo fica mais frio. Conforme a Terra vai mudando de lugar em relação ao Sol, inverte-se a situação.

○ Agora, responda: qual é o movimento da Terra responsável pelo fenômeno acima?

....

....

2 Como você já sabe, o tempo gasto pela Terra para dar uma volta completa em torno do Sol é de 365 dias e 6 horas. Usualmente, esse tempo é representado por um ano, ou seja, 365 dias.

Converse com os colegas e o professor sobre o que acontece com as 6 horas que sobram todos os anos. Se necessário, faça uma pesquisa para descobrir. Registre abaixo o que descobriu.

....

....

....

....

....

....

....

3 Observe as figuras abaixo.

Palácio Nacional de ✳ Sintra, Portugal.

Brent Winebrenner/Lonely Planet Images/Getty Images

Ponta do ✳ Mangue, em Maragogi (AL), Brasil.

Delfim Martins/Pulsar Imagens

○ De acordo com as imagens, complete:

a) Se no Brasil a estação do ano for ...., ao mesmo tempo, em Portugal a estação será ....

b) O movimento de .... da Terra é que proporciona a mudança das estações do ano.

c) Quando acontece o solstício de inverno em Portugal, significa o início do .... no Brasil.

As camadas da Terra

Nosso planeta é envolvido por uma camada de ar chamada **atmosfera**.

O ar atmosférico é composto de uma mistura de gases, entre eles o gás oxigênio e o gás carbônico, usados na respiração e na fotossíntese, respectivamente.

A atmosfera protege a Terra do excessivo calor do Sol durante o dia e mantém a superfície aquecida à noite. Além disso, absorve boa parte das radiações solares prejudiciais à vida.

E no interior de nosso planeta, o que você acha que existe?

Cores fantasia

Ilustrações: Cassiano Röda/Arquivo da editora

✳ Atmosfera é a camada de ar que envolve o planeta Terra.

A Terra é formada por três camadas principais: a crosta, o manto e o núcleo.

Nós vivemos sobre a crosta terrestre, a superfície sólida da Terra.

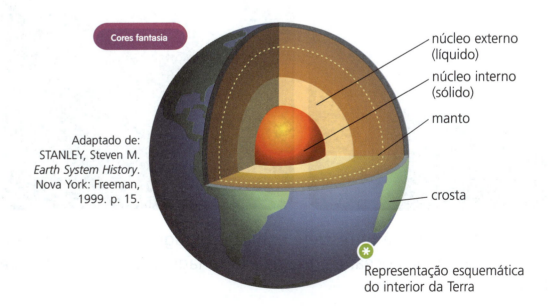

Cores fantasia

Adaptado de: STANLEY, Steven M. *Earth System History*. Nova York: Freeman, 1999. p. 15.

núcleo externo (líquido)

núcleo interno (sólido)

manto

crosta

✳ Representação esquemática do interior da Terra

A camada que forma a superfície da Terra é chamada **litosfera**. É sobre a camada mais externa da litosfera, chamada **crosta terrestre**, que nós, seres humanos, assim como uma grande variedade de seres vivos, vivemos. Nela, podemos ver terra, rochas e montanhas, por exemplo.

A maior parte da crosta terrestre é coberta por água. O conjunto dessas águas, formado pelos oceanos, mares, rios e lagos, recebe o nome de **hidrosfera**.

O que é um *tsunami*? Um deles pode atingir o Brasil?

Imagem do *tsunami* que atingiu a costa da Tailândia em 2004.

Um terremoto nas placas tectônicas do oceano é a causa dos *tsunamis*. É possível definir um *tsunami*, de maneira simples, como sendo um terremoto entre as placas tectônicas sobre as quais está o oceano. Esse tremor de terras no solo do mar provoca uma agitação imensa das águas, resultando em ondas que chegam de maneira violenta e desordenada ao litoral. As consequências são terríveis [...].

No Brasil, as chances de um *tsunami* ocorrer são praticamente inexistentes, conforme explica Wilson Teixeira, professor do Instituto de Geociências da Universidade de São Paulo (USP). "O país fica no interior de uma placa tectônica bem antiga. Todos os registros de tremor ou movimento das bordas das placas que chegam ao nosso continente são muito fracos, o que elimina o risco. E, além disso, o oceano Atlântico não tem registros de terremotos da mesma magnitude que o [oceano] Índico", afirma o geólogo, que foi o responsável pela criação de um ambiente simulador de *tsunami* no museu Estação Ciência de São Paulo.

"Por ano, as placas do oceano Atlântico sofrem uma separação de 2 centímetros, enquanto naquelas regiões [oceano Índico] são 8 centímetros. Por isso, não há chance de eventos agressivos aqui", diz.

Disponível em: <revistaescola.abril.com.br/geografia/fundamentos/tsunami-deles-pode-atingir-brasil-indonesia-indico-502545.shtml>. Acesso em: 4 dez. 2014. (Texto adaptado).

1 O que podemos ver na superfície do planeta?

....
....
....
....

2 A Terra, segundo os pesquisadores, é composta basicamente de três camadas. Quais são elas?

....

3 Converse com um adulto e cite algumas atividades econômicas realizadas na crosta terrestre, na hidrosfera e na atmosfera.

a) crosta terrestre

....
....
....

b) hidrosfera

....
....

c) atmosfera

....
....

4 Escolha uma das atividades que você listou na atividade 3 e escreva sobre as suas consequências ambientais, principalmente em relação à camada na qual ela ocorre. Se for preciso, consulte um adulto.

....

....

....

....

....

....

....

5 Complete as frases com as palavras do quadro.

manto	rochas, solo e água	litosfera
hidrosfera	atmosfera	núcleo

a) A camada que forma a superfície da Terra é chamada ....

b) A crosta terrestre é a camada mais externa da litosfera e é formada por

....

c) As águas dos oceanos, mares, lagos e rios constituem a ....

d) No centro da Terra encontra-se o ...., que é a camada mais quente da Terra.

e) A camada de ar que envolve a Terra é a ....

f) O .... é a camada da Terra situada logo abaixo da crosta.

6 Procure descobrir por quais motivos não é possível fazer uma viagem ao centro da Terra. Anote-os aqui.

....

....

....

Ideias em ação

O brilho das estrelas

Entenda o que acontece com o brilho das estrelas.

Numa noite sem nuvens, podemos ver muitas estrelas no céu. Durante o dia, porém, somente o Sol é visível; as outras estrelas "desaparecem".

Para ver por que isso acontece, realize a experiência a seguir. O professor vai levar a classe para um lugar da escola que não tenha luz.

Traveller Martin/Shutterstock/Glow Images

Material necessário

- lanterna a pilha
- papel-alumínio
- palito de dente

Passakorn sakulphan/Shutterstock/Glow Images

Sergiy Kuzmin/Shutterstock/Glow Images

Feng Yu/Alamy

Procedimentos

1. Coloque um pedaço de papel-alumínio sobre a lente da lanterna. Dobre-o nas beiradas.

2. Com o auxílio do professor e com muito cuidado, faça pequenos furos no papel com o alfinete.

3. Apague as luzes, acenda a lanterna, direcione-a para a parede e observe.

4. Depois, acenda novamente a luz e verifique o que acontece.

Observação e conclusão

○ O que você observou com a luz da sala apagada e com ela acesa? Tente explicar por que isso acontece.

....

....

....

....

....

○ Agora, responda: por que, durante o dia, não vemos as outras estrelas, só o Sol?

....

....

....

....

O ambiente e seus componentes

Ilustra Cartoon/Arquivo da editora

Vamos conversar?

- O que você entende por componentes do ambiente?
- De que formas a ação humana pode modificar o ambiente?

O que vou estudar?

- O solo
- Erosão
- Desertificação
- Cuidados com o solo
- A água
- O tratamento da água
- Estados físicos da água
- Ciclo da água na natureza
- O ar
- A exploração dos recursos naturais
- Proteção dos animais silvestres
- Cuidados com as águas dos rios e dos mares
- Reflorestamento
- A reciclagem

O solo

OED

O planeta Terra existe há bilhões de anos. Durante todo esse tempo, ele vem passando por muitas transformações.

O solo é a camada mais superficial da crosta terrestre. Ele é constituído por rochas que, sob a ação do vento, do calor do Sol, das águas da chuva, dos rios e dos mares, foram pouco a pouco se quebrando em pequenos pedaços. Com o tempo, esses pedacinhos de pedra se transformaram em partículas ainda menores, que foram se juntando aos restos de vegetais e animais mortos.

O solo está continuamente sofrendo a ação dos ventos, das águas, das variações de temperatura e também das interferências dos seres vivos, especificamente do ser humano, que altera de forma significativa o meio ambiente.

Por causa disso, o solo possui características diferentes de acordo com cada clima, vegetação e região.

Ilustrações: J. Rodrigues/Arquivo da editora

● Composição do solo

Como já vimos, o solo é formado por partículas de rochas que se desgastaram com o passar do tempo e por restos de animais e vegetais mortos que foram decompostos, ou seja, apodreceram. Isso significa que na composição do solo há material mineral e também material orgânico.

A areia, a argila, o calcário e o húmus são alguns dos elementos que compõem o solo.

A areia e a argila são constituídas de grãos. Os grãos de areia são maiores e mais soltos. Os grãos de argila são menores e mais compactos.

O calcário, por sua vez, vem das rochas calcárias. Sua cor geralmente é branca ou amarelada.

O húmus é a parte orgânica do solo. Esse material é formado por restos de seres vivos.

Debaixo do solo está o **subsolo**, que é uma camada composta de rochas.

Observe:

Luís Moura/Arquivo da editora

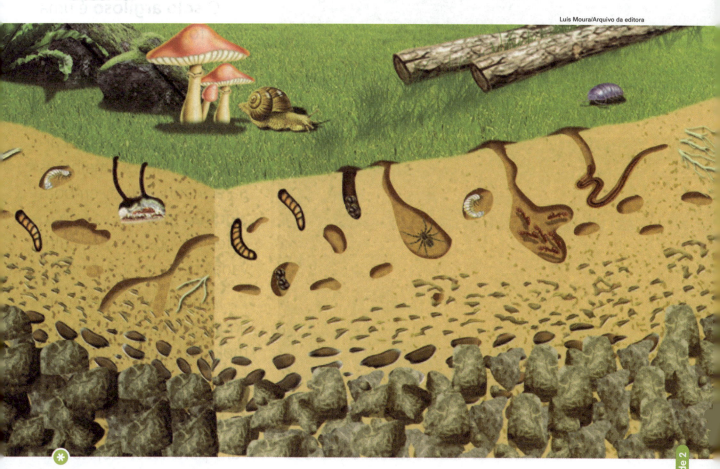

Esquema do solo em corte

Unidade 2

● Tipos de solo

Os componentes do solo não são encontrados em quantidades equilibradas em todos os locais. Pode haver predomínio de um ou de outro componente, o que acaba dando características especiais ao solo de cada lugar.

Dependendo de sua composição, o solo pode ser classificado em arenoso, argiloso, calcário e humífero.

solo arenoso

O **solo arenoso** é muito seco, porque a areia é permeável, deixando passar com facilidade a água das chuvas. Esse tipo de solo não é muito fértil.

A areia é usada na fabricação de vidro, massa para construção e concreto.

O **solo argiloso** é uma terra fofa e macia, constituída por pequenas partículas. Esse tipo de solo retém água com facilidade.

Os solos com muita argila não são os melhores para a agricultura, embora algumas plantas, como o cafeeiro, possam ser cultivadas neles com sucesso.

A argila misturada com água forma uma massa moldável, que é usada para fabricar tijolos, pratos, azulejos e outros objetos. Os escultores também a utilizam para fazer objetos de arte.

solo argiloso

O **solo calcário** é rico em cálcio, importante nutriente para plantas e animais. Esse tipo de solo é bastante comum no Brasil.

O calcário é utilizado na fabricação do cimento, da cal utilizada nas massas de construção e também no giz, entre outras aplicações.

solo calcário

O **solo humífero** tem aspecto escuro por causa do húmus. Esse tipo de solo é rico em sais minerais e tem boa capacidade de retenção de água, pois, além do húmus, contém areia, argila e calcário em quantidades equilibradas.

O solo humífero é o mais fértil que existe, permitindo o cultivo da maioria dos vegetais. Por isso também é usado como adubo para solos que estão desgastados.

solo humífero

● Lençol de água subterrâneo

A água das chuvas penetra na terra pelas camadas mais permeáveis do solo.

Quando encontra uma camada de rochas impermeáveis, a água não consegue passar e se acumula sobre essa camada, formando um lençol subterrâneo.

Quando o lençol de água encontra uma saída, forma-se uma nascente ou fonte natural.

Observe a seguir uma ilustração de lençol de água subterrâneo.

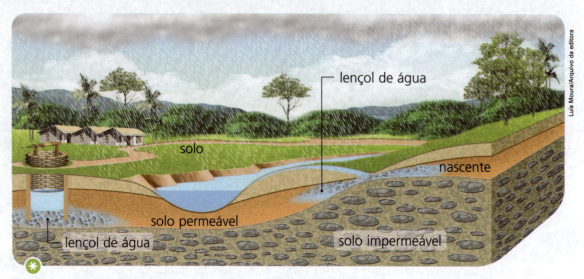

Representação esquemática do solo em corte

Uma das maneiras de retirar a água de um lençol subterrâneo é por meio de poços.

Saiba mais

Aquífero Guarani

Os aquíferos são conjuntos de rochas permeáveis que abrigam grande volume de água. Formadas naturalmente, em razão da infiltração da chuva no solo, essas reservas correspondem a boa parte da água doce existente no planeta.

Uma das maiores reservas de água doce do mundo, o aquífero Guarani localiza-se na América do Sul.

Área ocupada pelo Aquífero Guarani.

Fonte:
Almanaque Abril 2010.
São Paulo: Abril, 2010.

Atividades

1 Você e seus colegas vão dar uma volta pela escola para observar os diferentes tipos de solo. Depois do passeio, responda:

○ Quais são os tipos de solo encontrados? Como você os nomearia?

....

....

....

2 Complete com as características de cada tipo de solo.

Tipo: arenoso	Características: ....
Tipo: humífero	Características: ....
Tipo: argiloso	Características: ....
Tipo: calcário	Características: ....

3 Escreva o que você entendeu sobre a formação do solo.

....

....

4 Pesquise, descubra e escreva que materiais retirados das rochas são usados na construção de uma casa.

....

....

5 Responda:

a) Como se formam os lençóis de água subterrâneos?

....

....

b) Por que não podemos dizer que os lençóis de água são rios subterrâneos?

....

....

6 Agrotóxicos são lançados sobre muitas plantas para evitar pragas. Parte desses agrotóxicos é absorvida pelas plantas, parte vai para o solo quando chove.

Agrotóxicos sendo lançados sobre a plantação.

a) Caso haja um lençol de água embaixo da plantação, o que acontecerá com a água? Isso é bom ou ruim?

....

b) Nas cidades, onde não há plantações, também é possível contaminar os lençóis de água subterrâneos? Como? Converse com os colegas e registre a conclusão abaixo.

....

....

● Erosão

A água, o vento, a temperatura e a influência do ser humano são alguns componentes cuja ação pode interferir na superfície terrestre. Essa interferência provoca o **desgaste** das rochas e do solo. Tal processo recebe o nome de **erosão** e os componentes que provocam o desgaste são os agentes da erosão.

As dunas de areia são resultado da ação do vento.

A força das ondas desgasta as rochas e provoca erosão.

A erosão pode ocorrer de forma natural:

o pela variação de temperatura, que com o passar do tempo, lentamente, faz com que as rochas se quebrem;

o pela ação da água das chuvas, que pode arrastar a terra para outros lugares, abrindo valas no solo ou removendo a camada aproveitável para a agricultura;

o pela ação da água dos rios. A força da correnteza dos rios desgasta o solo e as rochas que estão nas suas margens, carregando grandes porções de terra de um lugar para outro. Com o tempo, o leito dos rios acaba sendo alterado;

o pela ação da água dos mares, que desgasta as rochas no litoral. As ondas batem continuamente nas rochas, provocando sua erosão;

o pela ação do vento, que carrega os grãos de areia que batem continuamente nas rochas, provocando seu desgaste.

A erosão pode ocorrer também de forma não natural, isto é, quando o ser humano destrói florestas, arrancando as árvores ou queimando-as para plantar e fazer pastos, por exemplo. Assim, a vegetação que protege o solo é alterada e não consegue mais evitar que a água e o vento carreguem a terra.

Unidade 2

● Desertificação

Quando o solo começa a perder seus nutrientes e não é mais capaz de desenvolver qualquer tipo de vegetação, ou seja, torna-se infértil, dizemos que está ocorrendo uma desertificação do solo.

Área com solo em processo de desertificação.

O nome, que **remete** a deserto, também é lembrado na paisagem: a vegetação vai sumindo, a terra vai ficando cada vez mais seca e sem água, além de ocorrer **salinização** do solo.

As causas mais frequentes da desertificação estão associadas ao cuidado inadequado do solo e da água nas atividades **agropecuárias** e de mineração, irrigação mal planejada, desmatamento indiscriminado, poluição do solo e excesso de fertilizantes. Os ventos e as águas também participam desse processo, já que agilizam a degradação da terra.

Todo esse conjunto atrapalha o ciclo de renovação da vida. Em um solo sem nutrientes a vegetação não cresce, o que causa um grande desequilíbrio na natureza. Portanto, a desertificação é resultado de fenômenos naturais, mas principalmente da ação humana.

Além de comprometer a **biodiversidade**, o desmatamento faz com que o solo fique exposto à erosão, o que prejudica ainda mais seu **restabelecimento**.

Com os prejuízos na agricultura, esse problema afeta diretamente o ser humano, pois muitas pessoas precisam deixar a região onde vivem e procurar outros locais para morar e cultivar a terra, além de a própria produção de alimentos ficar comprometida, o que acarreta aumento dos preços. Também, como consequência, ocorre aumento da desnutrição, falência econômica, elevação na temperatura global e diminuição da umidade relativa do ar (expondo o ser humano a doenças respiratórias).

Atividades

1 Responda:

a) O que é erosão?

....

b) Quais são os principais agentes da erosão?

....

....

2 Observe a fotografia ao lado e escreva qual é o agente da erosão retratado. Depois, explique com suas palavras como acontece a erosão.

Edson Rosa

Agente: ....

....

3 Leia o texto a seguir.

Mudanças climáticas agravam seca no Nordeste

Marcado nos últimos meses por temporais, enchentes e tremores de terra, o Nordeste sofre com um mal silencioso que pode causar prejuízos ainda mais sérios à população que mora no semiárido: a desertificação.

A área afetada de forma "muito grave" no Brasil chega a atingir 98 595 km², ou 10% do semiárido brasileiro.

Disponível em: <http://noticias.uol.com.br/cotidiano/2010/08/05/mudancas-climaticas-agravam-seca-no-nordeste-e-criam-quatro-desertos-na-regiao.jhtm>. Acesso em: 10 dez. 2014. (Texto adaptado).

○ Temporais e tremores de terra são processos naturais, ou seja, promovidos pela natureza. Porém, o ser humano pode influenciar na ocorrência desses processos. Você concorda com essa afirmação? Como você acha que o ser humano pode interferir na natureza? Converse com os colegas.

● Cuidados com o solo

É do solo que o ser humano e outros animais retiram a maior parte dos alimentos de que necessitam para viver.

Os solos apropriados para o plantio devem reter certa quantidade de água, necessária para o desenvolvimento das plantas. Devem também ser compostos de uma mistura equilibrada de areia, argila, calcário e húmus.

Observe, a seguir, os esquemas representando um solo em desequilíbrio e um solo em equilíbrio.

Solo pobre, em desequilíbrio.

Solo rico, em equilíbrio.

Para garantir boas condições para o plantio e evitar o empobrecimento do solo, é preciso tomar alguns cuidados, como a irrigação, a drenagem, a adubação e a aração do solo.

Irrigação

Os solos secos devem ser irrigados, isto é, precisam ser molhados.

A água utilizada na irrigação pode ser obtida de vários modos: desviando-se rios com canais, a fim de que a água chegue até o solo cultivado; construindo açudes; abrindo poços; etc.

irrigação

Drenagem

Nos solos muito úmidos é preciso fazer a drenagem, isto é, retirar o excesso de água. A drenagem pode ser feita por meio de valas e tubos.

drenagem

Adubação

Numa plantação, à medida que se desenvolvem, as plantas absorvem sais minerais do solo. Com isso, ele empobrece.

Os solos com poucos nutrientes precisam ser adubados. Para adubar o solo, acrescentando as substâncias de que as plantas precisam para se desenvolver, podemos utilizar excrementos de animais, raízes, folhas e frutos em decomposição ou fertilizantes.

adubação

Aração

Para facilitar a retenção de água e a circulação de ar na terra, é preciso arar o solo.

A aração pode ser feita com enxadas ou com o arado, puxado por animais ou por trator.

aração

Manutenção da vegetação

Sem a vegetação, o solo fica desprotegido e sofre erosão, tornando-se impróprio para o plantio.

Para conservar o solo e manter um certo equilíbrio ambiental, é importante a manutenção de áreas naturais, principalmente as localizadas próximo às áreas de cultivo.

As queimadas e a derrubada de árvores, quando realizadas de forma desordenada, causam sérios danos ao solo e ao meio ambiente.

1 O solo é um recurso muito importante. Ele é usado pelas pessoas com diferentes finalidades. Faça uma lista dos usos do solo que você conhece. Depois, em grupo, liste com os colegas os impactos ambientais e econômicos dos principais usos que vocês escreveram.

....

....

....

2 Escreva o que você acha que os agricultores devem fazer em cada situação ao lado para ter uma boa colheita.

> O QUE POSSO FAZER PARA MELHORAR ESTE SOLO SECO E APROVEITAR AS TERRAS PARA PLANTAR?

> ESTE SOLO ESTÁ POBRE, FALTAM SAIS MINERAIS. O QUE POSSO FAZER?

Ilustrações: Ilustra Cartoon/Arquivo da editora

....

....

....

....

....

....

3 Você conhece alguma propriedade agrícola? Já observou o solo arado, adubado ou irrigado? Conte aos colegas.

4 A erosão pode causar graves desequilíbrios nos ambientes. O que pode ser feito para evitar que isso aconteça? Na sua opinião, as suas ações têm alguma relação com a erosão do solo?

....

....

A água

Você sabe por que a Terra é conhecida como planeta água?

Seria possível a vida na Terra se não houvesse água?

A maior parte da superfície terrestre é coberta por água. Ela está nos oceanos, nos mares, nos rios e nos lagos.

Existe água também no ar, em forma de vapor, e, ainda, no solo, em nosso corpo, no corpo dos outros animais e nas plantas.

água (3/4 da superfície terrestre)

Reto Stockli, Alan Nelson, Fritz Hasler/NASA

terra (1/4 da superfície terrestre)

Imagem da Terra vista do espaço.

A água é um recurso indispensável aos seres vivos. Sem ela, não seria possível a existência de vida no nosso planeta da forma como a conhecemos.

Apenas uma pequena parte do total de água da Terra é doce. Ela pode ser encontrada na atmosfera, em rios, lagos e águas subterrâneas. A maior parte da água existente no planeta é salgada e está nos oceanos. Portanto, apenas uma pequena fração da água da Terra serve para beber, para preparar alimentos e para a higiene pessoal.

Além de ser necessária para a manutenção da vida na Terra, a água pode ser usada para outras finalidades, tais como:

- irrigar plantações;
- gerar energia elétrica;
- ajudar na higiene pessoal e do ambiente;
- lavar e cozinhar os alimentos;
- apagar incêndios;
- impulsionar navios e locomotivas.

3% = água doce

97% = água salgada

Quando a água é própria para ser consumida, chama-se **água potável**. A água potável tem aspecto limpo e transparente, não apresenta cheiro ou sabor desagradável e não contém impurezas ou substâncias que possam causar prejuízo à saúde.

● Composição da água

A água é uma substância composta de dois elementos: o oxigênio e o hidrogênio.

Na composição da água, para cada duas partes de hidrogênio há uma parte de oxigênio. O símbolo do hidrogênio é **H**; o do oxigênio, **O**. Assim, a fórmula química da água é: H_2O .

● Propriedades da água

A água tem várias propriedades ou características que a definem:

- A água pura não tem cheiro, gosto nem cor, ou seja, é inodora, insípida e incolor.

- A água é um solvente. Por exemplo, quando colocamos um pouco de açúcar em uma vasilha com água e depois mexemos, o açúcar se dissolve. O mesmo acontece com o sal, o leite em pó e várias outras substâncias. Por isso, a água é chamada de **solvente universal**.

● Tratamento da água

A água dos rios geralmente é limpa na nascente, mas se torna poluída e contaminada ao passar por lugares onde são jogados esgotos e lixo.

A água é poluída quando está suja e cheia de impurezas, como produtos químicos usados pelas indústrias, fezes e urina, por exemplo. Assim, geralmente, ela tem cheiro desagradável.

Quando a água contém microrganismos capazes de causar doenças, dizemos que ela está contaminada.

Atualmente, a água de grande parte dos rios brasileiros está poluída e contaminada. Para que essa água se torne própria para o consumo, é preciso tratá-la.

A água que recebemos em nossa casa, na maior parte das vezes, vem de estações de tratamento.

Observe a figura abaixo.

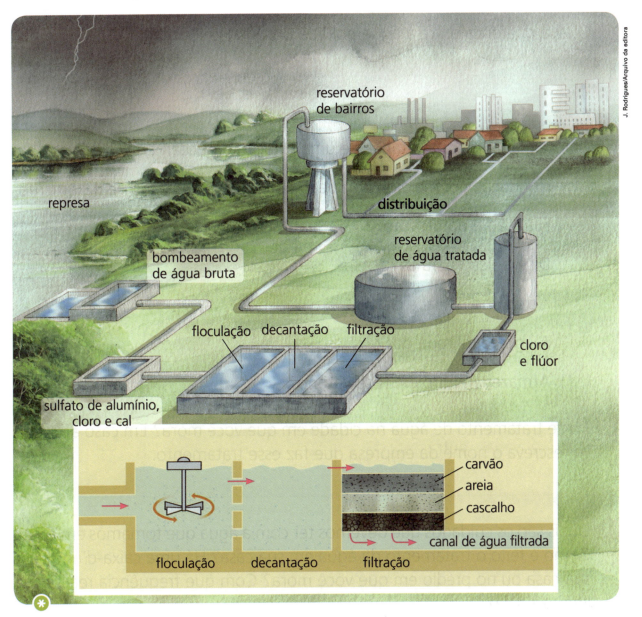

Representação esquemática de uma estação de tratamento de água

A água é retirada dos rios por meio de bombas e conduzida até a estação de tratamento, onde é filtrada e purificada. Para ajudar no processo de **purificação**, algumas substâncias, como a cal e o cloro, são misturadas à água.

Depois de tratada, a água é armazenada em grandes reservatórios e então distribuída para as casas, aonde chega por meio de canos. No trajeto até as casas, a água pode se sujar novamente. Por isso, antes de ser utilizada para beber, deve ser filtrada ou fervida.

Atividades

1 Qual a diferença entre a água poluída e a água contaminada?

....

....

2 Coloque em ordem as etapas de uma estação de tratamento de água:

◯ Condução por meio de bombeamento até uma estação de tratamento.

◯ Filtração e purificação.

◯ Distribuição para as casas.

◯ Acréscimo de cal e cloro.

◯ A água é retirada dos rios.

◯ Armazenamento em reservatórios.

3 Existe tratamento de água na cidade em que você mora? Em caso afirmativo, escreva o nome da empresa que faz esse tratamento.

....

....

4 Quais são os cuidados que devemos ter com a água que tomamos em casa? Como é feito o tratamento da água em sua casa? Há uma caixa-d'água em sua casa ou no prédio em que você mora? Com que frequência realizam a limpeza dela?

....

....

....

....

....

....

● Estados físicos da água

Você sabe o que é o gelo?

E uma nuvem, do que é formada?

A água pode ser encontrada no ambiente em três estados físicos: **sólido**, **líquido** e **gasoso**.

Água no estado sólido

O gelo é a água em estado sólido.

Na natureza, nas regiões mais frias da Terra, existem grandes acúmulos naturais de água congelada, chamados geleiras. A neve e as chuvas de granizo também são exemplos de água no estado sólido encontrados na natureza.

A água que bebemos está no estado líquido; a água da chuva e a água dos rios e dos mares também.

Água no estado líquido

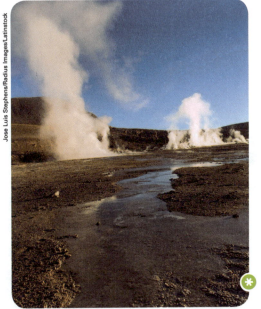

Água no estado gasoso

Sob a ação do calor, a água transforma-se em vapor, ou seja, passa do estado líquido para o estado gasoso. É o que acontece, por exemplo, com a água que fervemos em nossa casa ou com a água de uma poça sob o calor do Sol.

Na natureza, a água em estado gasoso está presente no ar, como vapor de água.

● Mudanças de estado físico

A água pode passar de um estado físico para outro. É o que ocorre, por exemplo, quando colocamos água líquida no congelador e ela vira gelo.

A variação de temperatura provoca mudanças no estado físico da água. Observe como isso ocorre:

Quando colocamos a água no congelador, depois de algum tempo, ela se transforma em gelo, por causa do frio. A água passou do estado líquido para o sólido. Dizemos que ocorreu **solidificação**.

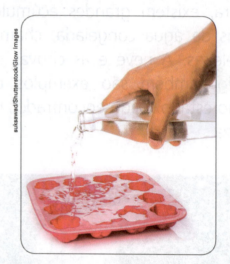
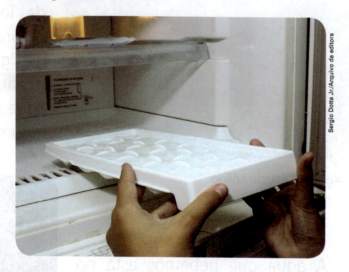

> **Solidificação** é a passagem da água ou de outra substância do estado líquido para o sólido.

Quando tiramos o gelo do congelador, ele derrete com o calor e volta para o estado líquido. Dizemos que ocorreu a **fusão** da água.

> **Fusão** é a passagem da água ou de outra substância do estado sólido para o líquido.

Quando colocamos no fogo uma panela com água e esta ferve, parte dela se transforma em vapor.

A água passou do estado líquido para o gasoso. Ocorreu a **vaporização**.

> **Vaporização** é a passagem da água ou de outra substância do estado líquido para o gasoso.

A vaporização pode ocorrer de dois modos: por evaporação ou por ebulição.

Quando as poças de água ou as roupas do varal secam com o calor do Sol, por exemplo, ocorre a **evaporação**.

> **Evaporação** é a passagem natural da água ou de outra substância do estado líquido para o gasoso.

Quando colocamos algum líquido para ferver e formam-se bolhas, dá-se a **ebulição**.

> **Ebulição** é a passagem da água ou de outra substância do estado líquido para o gasoso, com a formação de bolhas.

Quando a água sai do estado de vapor e volta ao estado líquido, ocorre a **condensação**.

A condensação pode ser observada quando levantamos a tampa de uma panela que contém água fervendo: as gotas de água representam a volta ao estado líquido.

> **Condensação** é a passagem da água ou de outra substância do estado gasoso para o líquido.

● Ciclo da água na natureza

Como você viu anteriormente, a água é encontrada na natureza em três estados físicos: sólido, líquido e gasoso.

Ela passa, constantemente, de um estado para outro. Um dos fatores que interferem no estado físico da água é a temperatura.

Ilustra Cartoon/Arquivo da editora

Nas regiões polares e nas montanhas de grandes altitudes – regiões de baixas temperaturas –, a água se solidifica, isto é, passa do estado líquido para o sólido, formando o **gelo**.

Sob a ação do calor, uma parte da água dos lagos, rios, mares e oceanos evapora, isto é, transforma-se em vapor de água, passando do estado líquido para o gasoso.
A água no estado gasoso é encontrada na atmosfera.

A água no estado líquido é encontrada nos rios, lagos, mares e oceanos. É nesse estado que a água existe em maior quantidade na natureza.

1. O calor do Sol aquece a superfície terrestre e, com o auxílio do vento, faz evaporar uma parte da água da terra, dos rios, mares, lagos, oceanos, etc.

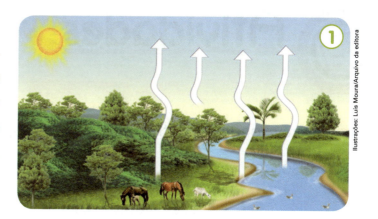

2. O vapor de água se acumula no ar. O ar se eleva e resfria, e o vapor se condensa, transformando-se em ==gotículas==. Essas gotículas formam as nuvens. Ao encontrar camadas de ar mais frias, a água das nuvens cai, em forma de chuva, neve ou granizo.

3. Uma parte dessa água que cai penetra no solo e forma os lençóis de água subterrâneos. Outra parte vai para os rios, mares, lagos, etc., e, com o calor do Sol e o vento, volta a evaporar, começando tudo de novo. É o ciclo da água na natureza.

A maior parte da água do planeta está nos oceanos. A quantidade de água salgada é cerca de trinta vezes maior que a de água doce, presente nos continentes e na atmosfera. Isso significa que, do total de água do planeta, apenas uma pequena parte serve para beber, para a alimentação e para a higiene pessoal.

Desse modo, apesar de o ciclo da água na natureza garantir a renovação desse recurso, é preciso ter consciência de que a quantidade de água adequada para o consumo é limitada e pode se esgotar. Por isso, é importante utilizar a água com cautela e sem desperdícios.

Ilustrações: Luís Moura/Arquivo da editora

Atividades

1 Escreva onde encontramos, na natureza, a água no estado:

- sólido: ....

....

- líquido: ....

....

- gasoso: ....

2 Conserve com um colega de sala e responda: quando colocamos uma roupa molhada em um varal, depois de algum tempo, ela seca. O que acontece com a água?

....

....

3 Faça a correspondência.

(1) Fusão	( )	Se a água líquida esfriar muito, pode passar ao estado sólido.
(2) Solidificação	( )	Exposta ao ar, sob o calor do Sol, a água líquida naturalmente evapora.
(3) Ebulição	( )	Quando se aquece o gelo, ele se transforma em água líquida.
(4) Evaporação	( )	A água líquida pode passar ao estado gasoso, isto é, transformar-se em vapor de água quando a colocamos para ferver.
(5) Condensação	( )	Quando o vapor de água esfria, transforma-se em água líquida.

4 Responda:

a) A água das nuvens pode cair também em estado sólido?

....

....

b) Você já presenciou isso? Explique.

....

....

....

5 Leia o texto com os colegas e dê sugestões de como solucionar o problema de poluição apresentado.

A chuva resulta da condensação do vapor de água que está no ar, formando as nuvens. No entanto, além de água, as nuvens podem conter substâncias tóxicas. Veja como isso acontece:

○ Os gases que saem das chaminés das indústrias e dos escapamentos dos veículos se misturam com a água que está no ar (vapor). Logo, as nuvens que se formam desse vapor também contêm as substâncias tóxicas presentes nesses gases.

○ A chuva, ao cair, espalha essas substâncias pelos mares e pela superfície da terra, prejudicando os seres vivos e o ambiente como um todo. Dessa forma, essas substâncias passam a fazer parte do ciclo da água.

Chaminés de uma indústria de papel lançando gases na atmosfera.

João Prudente/Pulsar Imagens

Capítulo 7 — O ar

A atmosfera é a camada de ar que envolve a Terra.

A Terra está envolvida por uma camada de ar chamada atmosfera.

O ar está em toda parte, penetrando nas camadas mais superficiais do solo e até mesmo na água.

O ar é indispensável à manutenção da vida.

O ar puro é invisível, inodoro, insípido e incolor.

Embora não possamos ver nem pegar o ar, sentimos e percebemos seus efeitos em algumas situações. Por exemplo: na respiração, no voo dos pássaros, no girar de um cata-vento, no movimento das nuvens e das roupas no varal, no deslocamento de barcos a vela.

É o ar que sustenta as aves quando voam.

Percebemos a existência do ar no movimento das roupas no varal.

Composição do ar

O ar é composto de uma mistura de gases:

- O gás nitrogênio é o que existe em maior quantidade no ar.
- O gás oxigênio é indispensável para a respiração da maioria dos seres vivos, entre eles os animais e os vegetais.
- O gás carbônico é usado pelas plantas para a fabricação do próprio alimento.

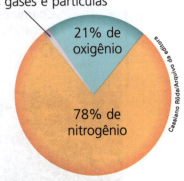

1% de gás carbônico e demais gases e partículas

21% de oxigênio

78% de nitrogênio

Como você já aprendeu, durante o ciclo da água ocorre a vaporização de parte da água existente na superfície terrestre. Assim, no ar há também vapor de água.

● O ar em movimento

Quando está muito calor, logo pensamos em ligar o ventilador. Ao fazermos isso, podemos sentir o vento, que é o ar em movimento.

Observe com atenção como o ar se movimenta:

AR QUENTE

AR QUENTE   AR FRIO

Ilustrações: Ilustra Cartoon/Arquivo da editora

O cata-vento gira porque a chama da vela aquece o ar acima dela. Esse ar sobe e faz o brinquedo girar. O ar frio, em torno do cata-vento, desce, é aquecido pela chama da vela e torna a subir.

A mudança de temperatura faz o ar se movimentar. A movimentação do ar é chamada vento.

Os ventos são muito úteis. Entre outras coisas, refrescam os ambientes em dias de calor, dispersam a poluição do ar, espalham as sementes, secam as roupas molhadas...

Podemos utilizar a força do vento para várias atividades, como produzir energia elétrica, mover barcos a vela e moinhos, empinar pipas e praticar esportes.

Às vezes, os ventos muito fortes causam prejuízos. Eles podem, por exemplo, derrubar árvores e destruir casas, virar barcos e até espalhar uma chama na floresta, provocando grandes incêndios.

Repina Valeriya/Shutterstock/Glow Images

O barco a vela é movido pelo vento.

Existem aparelhos usados para indicar a velocidade e a direção do vento.

anemômetro

cata-vento

biruta

O anemômetro mede a velocidade do vento. O cata-vento e a biruta indicam a direção do vento: se ele está indo, por exemplo, para norte, sul, leste ou oeste.

O cata-vento pode ser instalado em vários locais, como no alto dos edifícios e no telhado das casas.

A biruta é usada nos aeroportos e nos campos de aviação. Os pilotos precisam saber a direção do vento para que os aviões aterrissem e levantem voo em sentido contrário a ele.

Saiba mais

Furacões

Furacão é o nome dado aos ciclones que se formam no leste do oceano Pacífico e no oceano Atlântico, sobre a água aquecida — com pelo menos 28 °C. Com as águas quentes, há muita evaporação, e o vapor sobe para formar nuvens — que aquecem a atmosfera e tornam os ventos mais intensos, circulando ao redor da região mais quente. O centro do furacão, chamado de olho, é mais quente do que o ar que circula por fora, a parte principal da tempestade. Os ventos de um furacão giram em sentido horário (no hemisfério sul) ou anti-horário (no hemisfério norte), e eles são mais fortes quando estão mais próximos da superfície terrestre.

Os furacões recebem nome, como os nomes humanos, para serem identificados. Começam com ventos de no mínimo 119 km/h — os piores furacões ultrapassam 250 km/h.

Disponível em: <www1.folha.uol.com.br/folhinha/dicasdi09100405.htm>. Acesso em: 12 dez. 2014. (Texto adaptado).

Furacão Jimena, México, setembro de 2009.

Atividades

1 Responda:

a) O que é atmosfera?

....

....

b) De que é composto o ar?

....

....

2 O que é, o que é?

a) Gás que os seres vivos absorvem na respiração.

....	....	....	....	....	....	....	....

b) Gás indispensável para os vegetais fabricarem seu alimento.

....	....	....

....	....	....	....	....	....	....	....	....

c) Gás que existe em maior quantidade no ar.

....	....	....	....	....	....	....	....

d) Nome dado ao ar em movimento.

....	....	....	....	....

e) Um dos instrumentos usados para indicar a velocidade do vento.

....	....	....	....	....	....	....	....	....	....

3 Pesquise e escreva como é a qualidade do ar na cidade onde você mora.

....

....

4 No livro **Serões de Dona Benta**, de Monteiro Lobato, há uma conversa entre Pedrinho, Narizinho e Dona Benta sobre o ar.

> "—Eu sei que o ar forma a camada de atmosfera que envolve o globo — disse Pedrinho."

○ E você, o que sabe a respeito do ar? Escreva nas linhas abaixo.

_____

_____

_____

_____

_____

_____

5 Pesquise, converse com os colegas e responda:

a) Como se forma o vento?

_____

_____

_____

_____

_____

_____

b) Quando o vento pode prejudicar as pessoas e o ambiente?

_____

_____

_____

_____

_____

Umidade do ar

Já estudamos que, com o calor do Sol, uma parte da água dos rios, dos mares e dos lagos evapora, isto é, transforma-se em vapor e sobe para o ar.

A quantidade de vapor de água que existe na atmosfera se chama **umidade do ar**.

A umidade do ar pode variar bastante. Há lugares muito secos, isto é, onde há pouco vapor de água na atmosfera. É o caso, por exemplo, de Brasília, capital do Brasil. E há lugares muito úmidos, como os que ficam cercados por vegetação e as cidades litorâneas.

A umidade do ar é necessária à nossa vida, à dos outros animais e à das plantas. Sem ela, tudo secaria.

Para medir a umidade do ar, são usados aparelhos chamados higrômetros.

higrômetro

Temperatura do ar

Chamamos de matéria tudo o que ocupa lugar no espaço.

Quando determinada quantidade de matéria recebe ou perde calor, sua temperatura varia. Isso acontece com as pessoas, com os outros animais, com os objetos e até com o ar. Para medir a temperatura, usamos um aparelho chamado termômetro.

O termômetro é formado por um tubo de vidro bem fino que possui, em uma das extremidades, um depósito de álcool colorido, que é usado para medir a temperatura do ar.

O termômetro funciona assim: quando há mais calor e a temperatura se eleva, o líquido se dilata, isto é, aumenta de volume, e se expande pelo tubo; quando a temperatura diminui, o líquido se contrai e volta para onde estava.

termômetro de álcool

Atividades

1 O que é umidade do ar?

....

....

2 Complete:

o A umidade do ar depende da .... existente na ....

3 Responda:

a) O que acontece quando um corpo perde ou recebe calor?

....

....

b) Como podemos medir a temperatura?

....

....

4 Leia e depois converse com os colegas e o professor:

E se o gelo derreter?

Uma das grandes preocupações dos cientistas é o aquecimento global, que pode causar deslocamentos e derretimento das calotas polares. Se isso acontecer, cidades costeiras e ao nível do mar serão inundadas e países inteiros desaparecerão.

Vários países tentam, por meio de tratados, como o de Kioto, que começou a vigorar em fevereiro de 2005, promover a diminuição da emissão de gases poluentes, principais responsáveis pela retenção de calor na atmosfera, que parece ser uma das causas do aquecimento do planeta. Infelizmente nem todos têm a consciência da importância de uma ação como essa. Os Estados Unidos, principais poluidores do mundo, recusam-se a assinar esse tratado.

o O que pode estar causando o aumento da temperatura do planeta?

Previsão do tempo

Todos os dias percebemos mudanças nas condições do tempo.

O tempo varia de um lugar para outro, de acordo com o estado da atmosfera e com a hora do dia.

As condições do tempo podem ser previstas, ou seja, é possível saber com certa antecedência se vai chover ou fazer sol, esfriar ou esquentar... Essa previsão é feita pelos meteorologistas.

> A ciência que estuda as variações do tempo chama-se **meteorologia**.

Os meteorologistas observam o tempo diariamente por meio de aparelhos, como o anemômetro, o barômetro, o higrômetro e o termômetro, entre outros.

As estações meteorológicas usam satélites artificiais, balões e radares que enviam informações sobre as condições do tempo.

Analisando e interpretando as informações obtidas por meio desses instrumentos, os meteorologistas fazem a previsão do tempo. Depois, essa previsão é noticiada pelos jornais, pela televisão e pelo rádio.

A previsão do tempo é importante para a vida de muitas pessoas, como os agricultores, os pescadores e os aviadores, que, conhecendo antecipadamente as condições do tempo, podem realizar seu trabalho com mais segurança.

estação meteorológica

satélite artificial

Queda de temperaturas no RS, interior de SC, PR, SP, MS e no sul de MG; chuva passageira no restante do país

24°/36° Boa Vista
24°/32° Macapá
24°/31° Belém
24°/30° São Luís
24°/33° Manaus
24°/31° Fortaleza
23°/32° Teresina
23°/31° F. de Noronha
22°/31° Natal
23°/32° João Pessoa
22°/32° Rio Branco
23°/33° Porto Velho
24°/33° Palmas
24°/33° Salvador
23°/31° Recife
23°/31° Cuiabá
18°/27° Brasília
21°/31° Goiânia
19°/28° B. Horizonte
24°/34° Maceió
16°/26° C. Grande
22°/29° Vitória
16°/23° São Paulo
20°/28° R. de Janeiro
24°/32° Aracaju
12°/20° Curitiba
18°/26° Florianópolis
16°/26° Porto Alegre

Reprodução/Folhapress

NOAA Photo Library/NASA

Genilson Araújo/Agência O Globo

● Clima × tempo

As condições da temperatura, dos ventos, das chuvas, da pressão atmosférica e da umidade do ar, em conjunto e por um certo período, determinam o clima de uma região. Não devemos, portanto, confundir clima com o "tempo" que está fazendo em um determinado momento.

Com o estudo do clima, é possível prever o tempo para os próximos dias.

● Poluição do ar

Podemos encontrar muitas impurezas no ar, causadas por exemplo pela fumaça liberada nas chaminés de indústrias e nos escapamentos dos veículos. Quando essas impurezas ficam muito concentradas, em grande quantidade, dizemos que o ar está poluído.

A poluição do ar é atualmente um dos grandes problemas ambientais do mundo, pois causa muitos danos à saúde do ser humano e de outros animais, como doenças respiratórias e irritações nos olhos e na pele.

Para diminuir a poluição do ar, é necessário:

- não queimar o lixo, para não provocar fumaça poluidora;
- não promover queimadas em plantações (antigamente as queimadas eram usadas para facilitar a colheita da cana-de-açúcar, mas hoje em dia são proibidas);
- fabricar veículos com filtros;
- colocar filtros nas chaminés das indústrias, para reter as impurezas.

Plantar árvores também é uma atitude positiva contra a poluição e ajuda a preservar o meio ambiente. Proteger os oceanos também ajuda a diminuir a poluição do ar, pois apenas as algas marinhas têm capacidade de absorver grande quantidade de gás carbônico.

bikeriderlondon/Shutterstock/Glow Images

O efeito estufa

Vapor de água, dióxido de carbono, metano e outros gases da atmosfera absorvem a radiação refletida pela superfície terrestre e a devolvem para a Terra. É igual ao que acontece quando você se enrola num cobertor: o calor de seu corpo não escapa, mas parte dele é absorvida pela coberta.

A outra parte volta para seu corpo e você se aquece aos poucos. No entanto, você não esquenta sem parar porque parte do calor do edredom escapa e se dilui no ar.

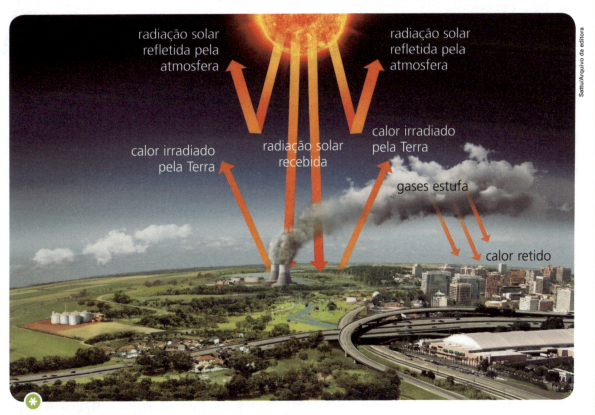

94% do calor do Sol entra através da atmosfera.
Uma parte do calor escapa da atmosfera, mas a maioria é refletida de volta pelos gases do efeito estufa.

O que deu errado?

Os gases que causam o efeito estufa estão aumentando porque estamos queimando combustíveis fósseis e produzindo dióxido de carbono e metano. Eles mantêm mais calor dentro da atmosfera, e isso provoca o aquecimento global.

Nossa atmosfera e o efeito estufa. Planeta Terra: enciclopédia de Ecologia. Revista **Recreio**. São Paulo: Abril, 2008. p. 25. (Texto adaptado).

O tema é...

O aquecimento global e o aumento dos tornados

Desde que a Terra surgiu, ela passa por constantes mudanças de temperatura. Até agora, alternaram-se milhares de anos de aquecimento e milhares de anos de glaciação (congelamento). Essas mudanças sempre aconteceram espontaneamente na natureza.

Atualmente esses fenômenos acontecem de forma mais brusca, principalmente por causa da intervenção do ser humano no meio ambiente.

A consequência dessa intervenção é o aumento da temperatura no planeta. Esse aumento é conhecido como aquecimento global e é causado, entre outras coisas, pelo efeito estufa. O que muita gente não sabe, no entanto, é que os efeitos do aquecimento podem trazer sérios problemas para o mundo todo, como, por exemplo, o aumento de tornados.

Jim Reed/Corbis/Latinstock

Tornado em Kansas, Estados Unidos, em 2008.

- Diz-se que o Brasil é um país privilegiado porque raramente tem fenômenos naturais, como tornados e *tsunamis*. Mas você já ouviu falar de algum tornado que tenha acontecido no Brasil?

Brasil na mira dos tornados

Cientistas mostram que este fenômeno não é raro no país

Um estudo mostrou que, nos últimos vinte anos, mais de duzentos tornados aconteceram no Brasil. Durante esse período, São Paulo foi o estado mais atingido, seguido por Rio Grande do Sul e Santa Catarina. Esse resultado é surpreendente, pois as condições atmosféricas e o relevo da região Sul parecem mais propícios ao surgimento de tornados.

Uma explicação possível para o grande número de tornados observados em São Paulo é que as construções de concreto e a poluição das grandes cidades favorecem a formação de ilhas de calor que aquecem a atmosfera da região. Ao mesmo tempo, o represamento dos rios gera mais umidade do ar, criando condições favoráveis à formação de tornados.

Juca Varella/Folhapress

Destruição causada por tornado na cidade de Taguarituba, SP, em 2013.

Ciência Hoje das Crianças.
Disponível em: <http://chc.cienciahoje.uol.com.br/brasil-na-mira-dos-tornados/>. Acesso em: 16 mar. 2015. (Texto adaptado).

- O que causa a poluição atmosférica? Você acredita que medidas para diminuir a poluição atmosférica nas grandes cidades poderiam contribuir para frear o aquecimento global? Justifique sua resposta.

- Faça uma pesquisa na internet para descobrir em que cidades ou regiões do Brasil os tornados têm ocorrido com mais frequência.

- Faça uma lista de atitudes que todos nós podemos ter no dia a dia para diminuir o lançamento na atmosfera dos gases que causam o efeito estufa. Compartilhe sua lista com os colegas.

Atividades

1 Como é o clima da região onde você vive? Pesquise e registre aqui.

....
....
....
....

2 Durante três dias, acompanhe algumas notícias sobre a previsão do tempo em diversos jornais. Compare essas previsões com o que aconteceu, de fato, com o tempo nesses três dias. Depois, responda:

a) Todas as previsões estavam corretas?

....
....

b) Qual das previsões pode ser considerada mais confiável?

....
....

3 Leia as frases e complete-as com as palavras do quadro.

> meteorologista   ventos   agricultor   satélite artificial

a) O .... precisa saber quando virão as chuvas, para plantar no momento certo.

b) O .... é o profissional que trabalha fazendo a observação e a previsão do tempo.

c) Os .... fortes prejudicam seriamente o voo dos aviões, podendo até mesmo causar sua queda.

d) O .... é um recurso usado para prever o tempo.

4 Em razão de fenômenos como o efeito estufa, a temperatura do planeta tende a aumentar. Veja algumas das consequências possíveis desse processo e discuta-as com os colegas.

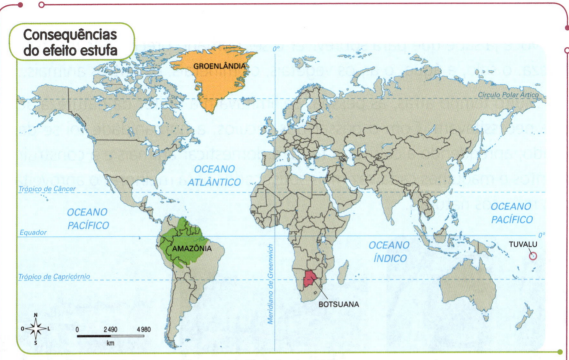

Adaptado de: IBGE. **Atlas geográfico escolar**. Rio de Janeiro, 2012.

A **Amazônia** sofrerá incêndios devastadores, até a destruição total da floresta.

A **Groenlândia** perderá toda a camada de gelo. Isso pode elevar o nível dos mares em até sete metros.

Pequenos países-ilha, como **Tuvalu**, serão encobertos pelo oceano.

As regiões central e sul do continente africano verão a seca devastar suas economias; **Botsuana** se tornará um deserto.

Terra em alerta, de Neide Simões de Mattos e Suzana Facchini Granato. São Paulo: Saraiva, 2009.

5 Agora que você já aprendeu sobre a poluição do ar, escreva o que pode ser feito para diminuir a poluição do ar em uma cidade com muitos veículos e muitas indústrias.

....

....

....

A exploração dos recursos naturais

Você já sabe que para sobreviver o ser humano precisa dos recursos da natureza: o solo, a água, o ar, os vegetais, os minerais, os outros animais...

Muito tempo atrás, as pessoas se limitavam a retirar da natureza aquilo de que necessitavam. Com o passar dos séculos, a humanidade foi se desenvolvendo, aprendendo a cultivar a terra, a domesticar animais e a construir instrumentos e máquinas cada vez mais sofisticados para melhorar o aproveitamento dos recursos naturais.

 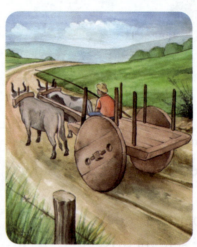 

Ilustrações: J. Rodrigues/Arquivo da editora

No entanto, o uso inadequado desses recursos pelo ser humano, para atender às suas necessidades de alimentação e de conforto e ao desejo de riquezas, está fazendo com que eles se esgotem.

Atualmente, podemos observar que, enquanto a população humana cresce, muitas espécies vegetais e animais desaparecem, causando sérios desequilíbrios no meio ambiente.

É cada vez maior a população das cidades. Esse ecossistema, criado pelo ser humano, consome três vezes mais recursos naturais, polui quatro vezes mais o ambiente e ocupa pouco mais de 2% da superfície da Terra.

Todos nós somos responsáveis pelo meio ambiente e devemos cuidar dele. Existem algumas atitudes, medidas e cuidados que podem ajudar a recuperar e a proteger o meio ambiente.

Conheça alguns dos recursos naturais mais utilizados e explorados pelo ser humano.

● Carvão e petróleo

São as principais fontes de energia usadas pelo ser humano para produzir calor em casas, indústrias e também para mover os carros. A energia do carvão e do petróleo não é renovável porque eles levam milhares de anos para se formar e são consumidos em curto espaço de tempo.

congestionamento ✳

plataforma de extração de petróleo

● Madeira

É utilizada nas construções, na fabricação de móveis e também como combustível. Infelizmente, o uso excessivo e desordenado da madeira ameaça a existência de muitas florestas do planeta.

✳ móveis de madeira

✳ plantação de araucárias

● Água

Indispensável para a vida, a água é utilizada também para produzir energia elétrica. É um elemento renovável, pois na Terra o ciclo da água é permanente. Porém, é esgotável.

hidrelétrica

rio

● Metais

Extraídos das jazidas de minério, são usados em seu estado natural ou em ligas, como no caso do ferro, para fabricar pequenos utensílios ou para construir grandes edifícios.

construção de prédio

jazida de ferro

● Material de construção

Além da madeira e dos metais, são usadas na construção civil as pedras, fáceis de cortar e modelar. São também utilizadas a argila e a areia, com as quais se fazem tijolos.

brita

pilha de tijolos

● Produtos agrícolas

São imprescindíveis na alimentação do ser humano e dos outros animais. No entanto, o uso contínuo do solo na agricultura provoca alterações maléficas ao meio ambiente.

Em geral as plantações são tão extensas que são necessários grandes reservatórios para armazenar os grãos.

plantação de milho

As fontes de riqueza da Terra.
Porto Alegre: Edelbra, 1998. (Meu primeiro atlas). (Texto adaptado).

Atividades

1 Você viu que muitas invenções humanas (meios de transporte, estações de tratamento de água, casas, eletricidade, entre muitas outras) ajudam a melhorar nossa vida cotidianamente. Mas, então, por que algumas dessas criações prejudicam tanto o meio ambiente?

....

....

....

....

....

2 Ligue as imagens abaixo a partir da relação entre o recurso natural e seu respectivo produto derivado.

extração agrícola
(laranjal)

extração de barro

extração de petróleo

extração de madeira

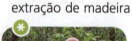

Protasov AN/Shutterstock/Glow Images

João Prudente/Pulsar Imagens AN/Shutterstock/Glow Images

Enrico Marone/Pulsar Imagens

Delfim Martins/Pulsar Imagens

Tatiana Popova/Shutterstock/Glow Images

Alexandre Tokitaka/Pulsar Imagens

Serhiy Shullye/Shutterstock/Glow Images

windu/Shutterstock/Glow Images

Proteção dos animais silvestres e das espécies vegetais nativas

Ave afetada pelo derramamento de petróleo no Rio de Janeiro, 2000.

Peixes mortos pela poluição na lagoa Rodrigo de Freitas, Rio de Janeiro (RJ), 2009.

Os animais silvestres só podem sobreviver com segurança e liberdade em seu *habitat* natural.

Destruir os ambientes e caçar os animais silvestres, seja para prendê-los em jaulas, vendê-los ou matá-los, pode levá-los à extinção.

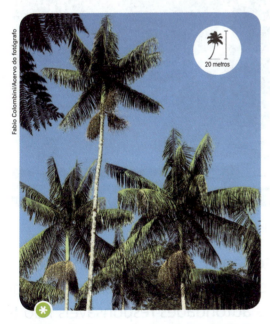

Palmeira-juçara, árvore típica da Mata Atlântica da qual se obtém o palmito-juçara. Está ameaçada de extinção.

A ararinha-azul, espécie praticamente extinta da natureza.

Dizemos que uma espécie está extinta quando os animais ou vegetais pertencentes a ela desapareceram de nosso planeta. Muitas foram extintas ou estão correndo esse risco porque foram caçadas ou retiradas do ambiente desordenadamente ou tiveram o *habitat* destruído.

Peixe-boi-marinho, espécie ameaçada de extinção

● Cuidados com a água dos rios e dos mares

As medidas de saneamento básico que podem evitar a poluição dos rios e mares são a coleta de lixo e o tratamento de esgoto.

Existe a possibilidade de recuperar rios que estão poluídos (com águas sujas e sem peixes). É a **despoluição** das águas.

Operação de despoluição do rio Tietê, em São Paulo (SP), 2010.

No entanto, despoluir um rio leva muitos anos, custa muito dinheiro e implica a colaboração de um grande número de pessoas. O processo de despoluição é tão caro que, na maioria das vezes, as autoridades responsáveis não têm condições de colocá-lo em prática. Assim, o melhor mesmo é não poluir. Como diz o conhecido provérbio, "é melhor prevenir do que remediar".

● Reflorestamento

A vegetação protege o solo contra a erosão e cria as condições ambientais adequadas para a vida de muitos seres vivos.

Por isso, nas áreas onde existem poucas árvores (ou nenhuma), é possível fazer o reflorestamento, isto é, plantar novas árvores.

Ainda existem florestas e matas que não foram derrubadas e que precisam ser protegidas.

Delfim Martins/Pulsar Imagens

Reflorestamento de paricá, mogno e ipê em Paragominas, PA, 2014.

Saiba mais

Fundação SOS Mata Atlântica

A Fundação SOS Mata Atlântica é uma entidade privada, sem vínculos partidários ou religiosos e sem fins lucrativos.

Fundada em setembro de 1986, a SOS Mata Atlântica possui um corpo de profissionais trabalhando em projetos de educação ambiental, recursos hídricos (aquáticos), monitoramento da cobertura florestal da Mata Atlântica usando imagens de satélite, ecoturismo, produção de mudas de espécies nativas, aprimoramento da legislação ambiental, denúncia de agressões ao meio ambiente, apoio a unidades de conservação, banco de dados da Mata Atlântica, entre outros.

Disponível em: <www.sosmatatlantica.org.br/index.php?section=who&action=quemSomos>.
Acesso em: 12 dez. 2014. (Texto adaptado).

● Reaproveitamento do lixo e consumo consciente

Se todo o lixo produzido for coletado e jogado em depósitos, ele levará muitos anos para se decompor, isto é, apodrecer e se misturar novamente à terra.

A diminuição do consumo e o reaproveitamento do lixo, por meio da reciclagem de materiais, ajudam a diminuir a poluição do ar e do solo.

Embora tudo isso possa parecer muito distante, existem maneiras muito fáceis e simples de contribuir. Veja a seguir:

Aterro sanitário em Perus (SP).

Lojas de celular recebem baterias velhas para reciclagem

Quase 180 milhões de baterias de celular são descartadas todos os anos no Brasil. São 11 mil toneladas de lixo tóxico que deveria ser reciclado. Portanto, entregue a bateria velha na loja.

Não jogue óleo usado na pia

Um litro de óleo jogado na pia polui até 25 mil litros de água.

Procure lugares onde você possa entregar óleo usado para reciclar.

Prefira produtos não embalados e sem isopor

Embalagens tipo "caixinha-dentro-de-saquinho-dentro-da-sacola-e-do--sacolão" geram muito lixo. De cada dez caminhões de lixo recolhido no Brasil, apenas um vai para reciclagem. Escolher produtos com menos embalagens e enviar tudo o que puder para reciclagem ajuda a reduzir a montanha de lixo.

Evite excessos no consumo

Segundo dados de 2009, só os norte--americanos, com 5% da população mundial, abocanham uma fatia de 32% do consumo global. Se todos vivessem como eles, o planeta só comportaria uma população de 1,4 bilhão de pessoas. Nossas classes A e B+ têm padrão de consumo semelhante.

Disponível em: <www.akatu.org.br/Dicas>.
Acesso em: 12 dez. 2014. (Texto adaptado).

1 Observe as imagens a seguir. O professor vai organizar a sala em dois grupos para fazer um debate. Para cada imagem, um dos grupos deverá comentar os pontos positivos e o outro, os pontos negativos. Na imagem seguinte, os grupos se invertem.

Marco Antonio Sa/kino.com.br

bikeriderlondon/Shutterstock/Glow Images

Epitácio Pessoa/Agência Estado

littleny/Shutterstock/Glow Images

TonyB./Shutterstock/Glow Images

Blend Images/Shutterstock/Glow Images

2 Que sugestões você daria para:

a) impedir a destruição das matas?

....

....

b) evitar a poluição das águas?

....

....

c) proteger os animais?

....

....

3 Leia o texto com o professor e os colegas. Depois, discutam o assunto.

Animais vivos são vendidos como chaveiros na China

Matéria do jornal chinês *Global Times* publicada nesta quinta-feira relata um comércio, no mínimo, bizarro: ambulantes chineses estão vendendo chaveiros com animais vivos, presos em uma bolsa de plástico pequena, onde sobrevivem por curto tempo. Segundo a matéria, os chaveiros são muito populares e, pior de tudo, totalmente dentro da lei chinesa. Os "mimos" estão sendo vendidos em estações de metrô e nas calçadas.

A matéria diz que os potenciais compradores podem escolher entre uma tartaruga brasileira ou dois peixes pequenos, em uma embalagem totalmente fechada, com um pouco de água colorida. Um dos compradores que optou pela tartaruga chegou a dizer que ia colocar o chaveiro em seu escritório porque daria boa sorte. Mas algumas pessoas mais conscientes se revoltaram com a situação, como uma que, com pena, comprou um chaveiro para libertar os animais.

Disponível em: <www.estadao.com.br/noticias/vidae,animais-vivos-sao-vendidos-como-chaveiros-na-china,700076,0.htm>. Acesso em: 12 dez. 2014. (Texto adaptado).

4 Responda:

a) Na sua opinião, quais os principais problemas ambientais da região e da cidade onde você mora? E quais as principais qualidades na relação da população com o meio ambiente que merecem ser destacadas?

....

....

....

b) Conversando com os colegas, quais foram os problemas e as qualidades mais lembrados?

....

....

....

c) Como esses problemas poderiam ser enfrentados? Elabore um projeto de educação e ação ambiental para a sua cidade.

Lembre-se de aproveitar as qualidades da região! Se preferir, faça um esboço do seu projeto nas linhas a seguir e junte-se com outros colegas para aperfeiçoar a proposta.

....

....

....

....

....

5 Conversando com adultos, procure se informar sobre a existência de ONGs ou projetos governamentais voltados para a educação ambiental na cidade ou na região em que você mora.

Converse com participantes desses projetos e leve para a classe informações a esse respeito.

Você pode, por exemplo, gravar uma entrevista ou solicitar material informativo produzido pelo projeto.

Ideias em ação

Tratamento de água

Nesta Unidade, você aprendeu um pouco sobre como a água que usamos todos os dias em nossas casas chega bem limpinha.

O processo de tratamento da água tem muitas etapas e é demorado. É por isso que a água que usamos em casa custa tão caro. Devemos economizar água não só porque isso diminui os nossos gastos financeiros, mas também porque ela é um bem precioso e que dá muito trabalho para chegar a nós da forma como estamos acostumados.

Precisamos usar a água com cuidado, pois há muito menos água potável no mundo do que imaginamos.

Como vimos, a maior parte da água do planeta é salgada, ou seja, não é adequada para o consumo. Da água doce, a maior parte está nas geleiras e em lençóis subterrâneos. Apenas 0,3% da água doce, que está presente nos rios e lagos, pode ser acessada diretamente pelo ser humano.

- Agora que você já sabe o quanto devemos valorizar a água que chega até nossas casas, vamos fazer um experimento para ver como funcionam os filtros nas estações de tratamento de água?

AlexandreNunes/Shutterstock/Glow Images

Material necessário

- uma garrafa de plástico vazia
- um pouco de terra
- um pedaço de algodão
- um pote plástico transparente
- algumas pedrinhas (cascalho)
- um copo com água
- um pouco de areia grossa
- luvas
- um pouco de areia fina

Procedimentos

1. Peça ao professor ou a outro adulto que corte a garrafa ao meio.

2. Coloque o algodão no gargalo, sem apertar muito. Em seguida, utilizando as luvas, coloque a areia fina, a areia grossa e as pedrinhas, nessa ordem.

3. Posicione o fundo da garrafa sob o filtro e despeje a água misturada com terra.

Ilustrações: Ilustra Cartoon/Arquivo da editora

Observação e conclusão

Observe as características dessa água após a filtragem. O que acontece com ela? Escreva abaixo.

....

....

Os seres vivos

Vamos conversar?

- Como será que a vida na Terra começou?
- Por que os animais não existiriam sem os vegetais?
- Como os animais e os vegetais se reproduzem?

O que vou estudar?

- As plantas
- Do que as plantas necessitam para viver
- Funções da folha: respiração, transpiração e fotossíntese
- Função da flor: reprodução
- Os animais
- Classificação dos animais
- Reprodução dos animais
- Cadeia alimentar
- A importância para o ser humano

Ilustra Cartoon/Arquivo da editora

A história dos seres vivos no planeta Terra

Os cientistas acreditam que quando a Terra se formou era muito diferente do que é hoje. Naquela época ela não apresentava condições para a existência de nenhum tipo de vida.

Com o passar do tempo, graças às mudanças que foram ocorrendo no planeta, as primeiras formas de vida foram surgindo. No início, as formas de vida eram muito simples, formadas por uma única célula; eram parecidas com as bactérias que conhecemos hoje. Isso aconteceu há cerca de 4 bilhões de anos.

Depois de aproximadamente 2 bilhões de anos de muitas mudanças e transformações, surgiram os primeiros animais e plantas.

Cores fantasia

Representação de animais e plantas da Era Mesozoica, que se passou entre 251 e 65 milhões de anos atrás.

Ao longo do tempo, os seres vivos foram se modificando, se adaptando às transformações do ambiente. Os organismos menos adaptados foram desaparecendo, dando espaço a novos seres, que apresentavam características mais vantajosas à sobrevivência e permaneceram. É a teoria da evolução que explica como os seres vivos se modificam e se adaptam ao meio ambiente.

Os fósseis são uma prova da existência, na Terra, de seres vivos em épocas passadas, como os dinossauros, encontrados em diferentes partes do mundo. No Brasil também já foram encontrados fósseis de dinossauros.

A ciência que investiga como foi o passado na Terra é a Paleontologia.

Saiba mais

Paleontologia

Paleontólogo é um detetive do passado, e isso não é muito bacana? Em qual outra profissão a gente pode ficar frente a frente com ossos de dinossauros? "Estudar a flora e a fauna, assim como pegadas e trilhas fósseis que nos fazem descobrir como era a vida há milhões de anos atrás", explica a paleontóloga Adriana Rossi.

A vida na Terra surgiu há quase 4 bilhões de anos. Desde que isso aconteceu, restos de animais e vegetais, assim como "pistas" sobre suas atividades (pegadas, rastros e restos de alimentos) ficaram preservadas nas rochas em forma de fósseis. O paleontólogo é o cientista que estuda esses fósseis.

Existem muitas finalidades para o trabalho dos paleontólogos, conta Adriana – "conhecer a **evolução** dos seres vivos, a idade relativa para o lugar onde os fósseis foram encontrados, reconstituir o ambiente em que o fóssil viveu,

Natursports/Shutterstock/Glow Images

Paleontólogos em ação na Espanha, em 2005.

contar a história da Terra e finalmente identificar as rochas que podem conter substâncias minerais como o carvão e petróleo".

O animal também pode deixar marcas das patas ao passar pela areia ou lama ou marcas de dentes em um tronco que se fossiliza. Essas podem ser as únicas pistas para estudar como era o animal e seus hábitos.

Disponível em: <www.flogao.com.br/biozoologia/blog/267173>. Acesso em: 24 fev. 2015.

Capítulo 10 — As plantas

OED

Os tipos de plantas e suas partes

Os recursos da natureza são fundamentais para a existência da vida. Isso quer dizer que os seres vivos dependem da água, do ar, do solo, da luz e do calor do Sol, e também dos próprios seres vivos para sobreviver.

Habitat

○ Que tipos de plantas você conhece? Escolha uma planta e conte aos colegas como ela é, onde vive e do que precisa para viver.

As plantas precisam do solo, do ar, da água e da luz do Sol para viver; têm formas e tamanhos variados e se reproduzem de diferentes maneiras.

Elas podem ser encontradas nos mais variados ambientes. Existem plantas terrestres, aquáticas e plantas que se apoiam sobre outras (epífitas ou parasitas). Dizemos que o tipo de local onde uma espécie (vegetal ou animal) costuma viver é o **habitat** dessa espécie.

Marcos Peron/kino.com.br

O girassol é uma planta terrestre que precisa de um ambiente ensolarado. Sua raiz chega a medir 1 metro.

Hiroshi Tonoshiro/Sebun/Getty Images

O aguapé (ou mururé, orelha-de-veado, baronesa e rainha-do-lago) é uma planta aquática. Existe ar dentro de suas folhas, o que facilita a flutuação na água.

As orquídeas são exemplos de plantas que crescem, geralmente, sobre as árvores mais altas, onde conseguem aproveitar a luz do Sol. Suas raízes são próprias para a fixação, principalmente, em troncos de árvores.

As plantas que crescem no tronco ou sobre as raízes de outros vegetais e sobrevivem sugando o alimento dessas plantas, muitas vezes matando-as, são chamadas de parasitas ou epífitas.

orquídeas

Fotos: Fabio Colombini/Acervo do fotógrafo

O cipó-chumbo é uma planta parasita. Nesta foto, ele está se apoiando em um hibisco.

Adaptações dos vegetais ao ambiente

A Terra já passou por muitas transformações. Por conta delas, muitos seres vivos – animais e vegetais – já foram extintos. No decorrer dessas modificações sobreviveram apenas as espécies que estavam adaptadas, isto é, que possuíam características que as tornavam ajustadas ao ambiente.

Geralmente, em ambientes secos, como os desertos, encontramos plantas que sobrevivem porque estão adaptadas. É o caso do cacto. Em seu caule, acumula-se a água de que a planta precisa para viver.

cactos

Fabio Colombini/Acervo do fotógrafo

Partes dos vegetais

Todas as plantas são iguais? Será que todas elas têm as mesmas partes?

A maioria dos vegetais é composta de raiz, caule, folha, flor, fruto e semente.

A flor é o órgão reprodutor das plantas. É a partir das flores que se formam os frutos.

O fruto abriga as sementes, que podem germinar e dar origem a uma nova planta.

A folha, além da fotossíntese – processo pelo qual fabrica alimento para a planta –, realiza outros dois processos muito importantes: a respiração e a transpiração.

O caule sustenta as folhas, as flores e os frutos e conduz a água do solo até as folhas. É também pelo caule que circula, por toda a planta, o alimento que é produzido nas folhas.

A raiz fixa a planta no solo. É ela que retira do solo a água e os minerais de que a planta necessita.

Luís Moura/Arquivo da editora

Observe as plantas abaixo.

①

②

Ilustrações: Jurandir Ribeiro/Arquivo da editora

- Com relação à planta 1, assinale a opção correta.

a) A planta é:

◯ aquática.

◯ terrestre.

b) A raiz dela fica:

◯ dentro da terra.

◯ fora da terra.

c) O caule e as folhas ficam:

◯ dentro da terra.

◯ fora da terra.

- Com relação à planta 2, responda:

a) A planta é aquática ou terrestre? Por quê?

....

b) Onde fica a raiz dela?

....

c) Em relação ao ambiente onde vivem, qual é a principal diferença entre as duas plantas?

....

....

● Do que as plantas necessitam para viver

Para viver e se desenvolver bem, as plantas necessitam do solo, da água, do ar e da luz do Sol.

O solo é muito importante para as plantas terrestres. Como você já sabe, é no solo que elas fixam suas raízes e é dele que retiram a água e os nutrientes de que necessitam. As plantas aquáticas retiram esses elementos do meio em que vivem, como rios, mares, entre outros.

A água, o ar e a luz do Sol são fundamentais para todas as plantas, pois é a partir desses componentes que elas fabricam os alimentos que as mantêm vivas.

A água das chuvas se acumula embaixo do solo e de lá as plantas retiram nutrientes. Com os sais minerais, a luz do Sol e o ar as plantas podem crescer saudáveis, gerando belas flores e frutos.

Atividades

Helga Chirkova/Shutterstock/Glow Images

1 Imagine que você ganhou o vaso de flores ao lado. Escreva o que você vai fazer para que a planta não morra.

....

....

....

2 Observe as plantas a seguir e responda:

① Cheryl E. Davis/Shutterstock/Glow Images

② Patryk Kosmider/Shutterstock/Glow Images

a) Qual dos vegetais não recebeu água?

◯ O vegetal 1.   ◯ O vegetal 2.

b) As plantas 1 e 2 são:

◯ terrestres.   ◯ aquáticas.

c) O que acontece com uma planta quando ela não recebe água suficiente?

....

d) De onde as plantas terrestres geralmente retiram água e sais minerais? Com que parte elas fazem isso?

....

....

● Funções da folha: respiração, transpiração e fotossíntese

Você já sabe que nas folhas ocorrem três processos muito importantes para a vida das plantas:

- a respiração;
- a transpiração;
- a fotossíntese.

Agora, vamos aprender um pouco mais sobre cada um desses processos?

Respiração

As plantas, como os outros seres vivos, absorvem oxigênio e eliminam gás carbônico por meio da respiração. Esse processo ocorre principalmente nas folhas e é ininterrupto, isto é, acontece noite e dia, sem parar.

Observe a ilustração a seguir.

oxigênio

gás carbônico

Transpiração

Veja, agora, a mesma folha da ilustração anterior. Note que ela está cheia de gotículas.

Ilustrações: Luis Moura/Arquivo da editora

vapor de água

Quando estão com mais água do que precisam, as plantas eliminam o que sobra pela transpiração, soltando vapor de água no ambiente.

Fotossíntese

Quando há luz solar, as plantas fabricam o próprio alimento. É a fotossíntese. Para que a fotossíntese seja realizada, são necessários, além da luz do Sol, clorofila (uma substância verde presente principalmente nas folhas), água e gás carbônico.

Veja, na figura abaixo, como acontece esse processo.

- As folhas absorvem gás carbônico do ar.

- A clorofila capta a luz solar.

- A raiz retira água do solo, que é levada até as folhas pelo caule.

- Utilizando a luz solar como energia, a planta transforma o gás carbônico que veio do ar e a água que veio do solo em alimento, liberando oxigênio.

Como você pode notar, durante a fotossíntese acontece o inverso do que ocorre na respiração. Na fotossíntese, a planta absorve gás carbônico e libera oxigênio. (Veja o que indicam as setas na parte que está em destaque na ilustração acima.)

Portanto, as plantas produzem tanto gás carbônico, na respiração, como oxigênio, na fotossíntese.

Unidade 3

1 As plantas transpiram pelas folhas. Na transpiração, as folhas soltam vapor de água na atmosfera.

Vamos ver como isso acontece.

Ilustra Cartoon/Arquivo da editora

Material necessário

o um vaso com planta

o um pedaço de barbante

o um saco plástico

o água

Envolva a planta com o saco plástico e amarre-o com o barbante próximo à terra.

Molhe a terra do vaso. Cuidado para não molhar o saco.

Coloque o vaso num lugar em que bata bastante sol. Observe-o depois de algumas horas.

a) Como ficou o saco plástico?

....

b) Por que isso aconteceu?

....

2 Complete o texto com as palavras do quadro.

clorofila	luz solar	folhas	água	ar

Para a planta conseguir realizar a fotossíntese, é fundamental: ...., que é retirada do solo pela raiz; gás carbônico, que é absorvido do .... pelas .... e .... é uma substância encontrada principalmente nas folhas, capaz de absorver a energia da luz solar, durante o dia, ou quando há luz artificial.

3 Responda com frases completas.

a) Quais são as funções da folha?

....

....

b) Por onde as plantas respiram?

....

c) O que acontece quando as plantas transpiram?

....

d) Como se chama o processo de fabricação de alimento pelas plantas?

....

4 Complete a cruzadinha.

1. Substância verde presente nos vegetais.

2. Parte da planta responsável pela respiração, transpiração e produção de alimentos.

3. Processo de fabricação do alimento pelas plantas.

4. Fornece energia para a planta realizar a fotossíntese.

5. Processo em que a planta elimina vapor de água.

6. Gás necessário para a realização da fotossíntese.

7. Gás que a planta absorve quando respira.

8. Parte da planta que retira água e outros nutrientes do solo.

9. De onde é retirada a água utilizada pelas plantas terrestres na fotossíntese.

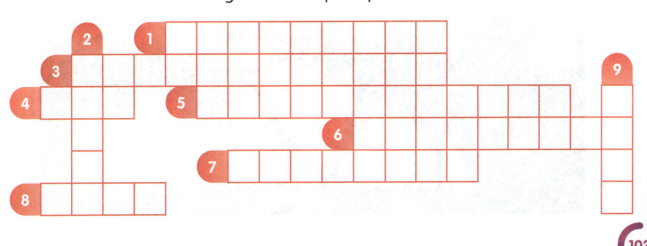

Função da flor: reprodução

Você já plantou algum vegetal?

O que você sabe sobre o nascimento das plantas?

Como todos os seres vivos, as plantas são capazes de se reproduzir.

A maioria se reproduz por meio da flor.

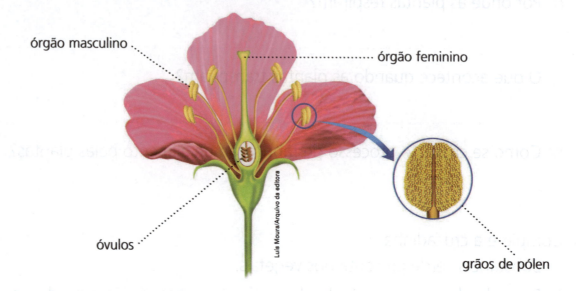

Quase todas as flores possuem os dois órgãos de reprodução, o masculino e o feminino.

Os órgãos masculinos das flores produzem os grãos de pólen. Os órgãos femininos produzem os óvulos.

Dentro do grão de pólen e do óvulo estão os elementos de reprodução da flor (células reprodutoras). Quando esses elementos se unem, dizemos que ocorreu a fecundação.

Os insetos, os pássaros ou o vento podem levar os grãos de pólen de uma flor para outra. Chamamos esse transporte de polinização.

Quando a flor é fecundada, o óvulo se desenvolve e forma as sementes. Parte do órgão feminino da flor também se desenvolve e forma o fruto, que abriga essas sementes.

As sementes, se espalhadas em solo fértil, podem germinar, isto é, dar origem a uma nova planta da mesma espécie. É a reprodução por germinação.

semente

✱ Processo de germinação de um girassol

Algumas plantas podem se desenvolver a partir de folhas, de pedaços de caule ou de raízes, embora essas partes do vegetal não tenham, em geral, função reprodutiva. Essas plantas também possuem sementes para se reproduzir.

Saiba mais

Sementes com paraquedas

Os pássaros e insetos retiram o néctar da flor dente-de-leão, mas não o polinizam, ou seja, não transportam o pólen. Isso acontece porque essa espécie se reproduz sozinha. Para espalhar as sementes, o dente-de-leão tem pequenos paraquedas presos a elas.

✱ flor dente-de-leão

✱ As sementes desenvolvidas ficam presas aos paraquedas...

✱ ... depois se soltam e se espalham.

Atividades

1 O que está acontecendo? Converse com os colegas e o professor, e dê o nome de cada processo.

Ilustrações: Luís Moura/Arquivo da editora

....

2 Responda às questões a seguir sobre o nascimento das plantas.

a) Que parte da maioria das plantas é responsável pela reprodução?

....

b) O que é germinação?

....

....

3 Leia as frases e numere-as na ordem correta de acordo com o processo de reprodução da flor.

◯ Alguns animais e o vento podem levar o pólen de uma flor às outras flores.

◯ O ovário da flor cresce e forma o fruto, que envolve as sementes.

◯ A maioria das flores possui os órgãos reprodutores feminino e masculino.

◯ Ao cair no órgão feminino da flor, o pólen forma um tubo que chega ao ovário, onde pode ocorrer a fecundação, formando a célula-ovo que desenvolverá a semente.

◯ O pólen está nos órgãos masculinos.

4 Quais desses seres podem ser agentes polinizadores?

As imagens não estão em tamanho proporcional entre si.

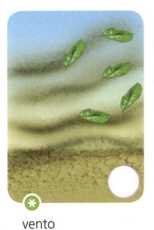

Ilustrações: Luis Moura/Arquivo da editora

* vento

* ser humano

* pedra

* abelha

5 Observe a foto da planta a seguir.

Delfim Martins/Pulsar Imagens

○ Agora, faça uma pequena história em quadrinhos com quatro cenas que tenham a ver com a reprodução desse vegetal.

Unidade 3

Capítulo 11 — Os animais

● Os animais e o ambiente

Para começar o assunto, vamos fazer arte.

Fauna e flora, ser humano e terra.

Fauna e flora, pincel e paleta.

Vivemos cercados pelas cores e formas da natureza. Diariamente vemos o Sol nascer, aquecendo e colorindo todos os seres vivos do planeta.

É comum observarmos nos desenhos infantis a presença de casas, montanhas, árvores, pássaros, céu e Sol. Isso acontece naturalmente, pois esse é o nosso primeiro olhar para o mundo.

Fauna e flora, de Nereide Schilaro Santa Rosa. São Paulo: Moderna, 2004. (Arte e raízes). (Texto adaptado).

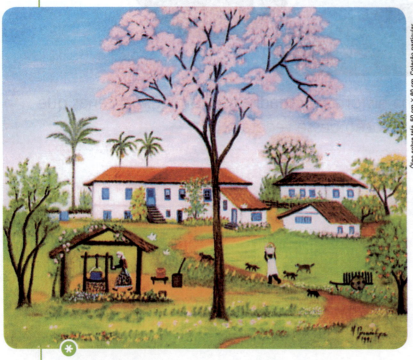

Óleo sobre tela, 50 cm × 60 cm. Coleção particular.

Fazenda Santa Maria, de M. Guadalupe, 1996.

Óleo sobre tela, 200 cm × 100 cm. Coleção particular.

A árvore, de Waldemar de Andrade e Silva, 1984.

Os animais, assim como os vegetais, também são seres vivos e fazem parte da natureza. Eles são encontrados em diversos ambientes. Veja abaixo.

tatu-peludo

joões-de-barro

piraputangas

A variedade de animais na Terra é muito grande e podemos observar muitas diferenças entre eles:

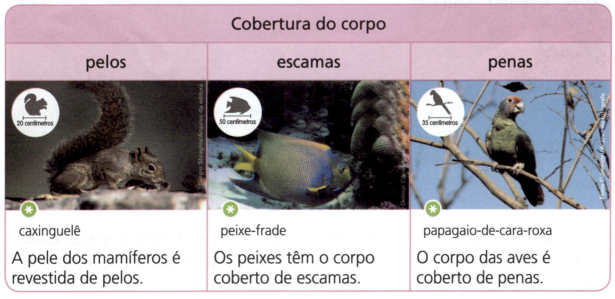

Tamanho	
grande	pequeno
Alguns animais são grandes, como o elefante, que mede cerca de 3 metros de altura.	Outros são pequenos, como a saúva, que mede cerca de 1 centímetro.

Cobertura do corpo		
pelos	escamas	penas
caxinguelê	peixe-frade	papagaio-de-cara-roxa
A pele dos mamíferos é revestida de pelos.	Os peixes têm o corpo coberto de escamas.	O corpo das aves é coberto de penas.

Tipo de alimento

onívoros	carnívoros	herbívoros
50 centímetros	2,8 metros	5 metros
macaco-prego Alimentam-se de vegetais e de outros animais.	**onça-pintada** Alimentam-se de carne.	**girafas** Alimentam-se de vegetais.

Lugar em que vivem, isto é, seu *habitat*

terra	água	corpo de outros animais
45 centímetros	2,5 metros	15 centímetros
galo	**tubarão**	**lombriga**

O *habitat* é muito importante na vida dos animais. É nele que eles encontram as condições de que necessitam para viver, isto é, alimento, abrigo, parceiros para a reprodução, etc.

Atividades

1 Escolha um animal que você já viu antes, pessoalmente, na televisão ou na internet, e que achou interessante. Desenhe-o abaixo, e desenhe também o *habitat* onde ele vive e os alimentos que ele costuma comer.

o Agora, responda:

a) Qual é o *habitat* desse animal?

....

b) Do que ele se alimenta?

....

c) Do que é coberto o corpo dele?

....

d) Em relação aos outros animais do ambiente onde ele vive, ele é grande ou pequeno?

....

2 Escolha dois animais e complete o quadro abaixo com as características deles.

Nome do animal	Cobertura do corpo	Alimentação	*Habitat*
....	....	....	....
....	....	....	....

● Classificação dos animais

Os animais são agrupados de acordo com as características que têm em comum. Um dos tipos de classificação divide os animais em vertebrados e invertebrados.

Os vertebrados

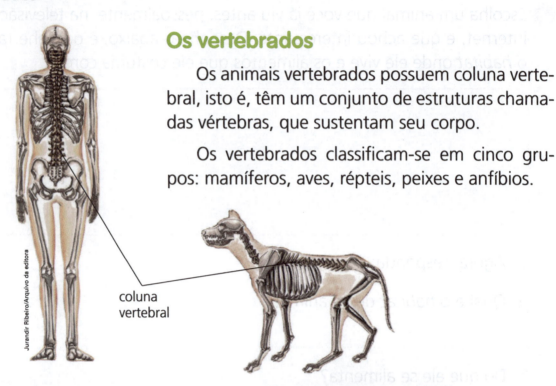

Os animais vertebrados possuem coluna vertebral, isto é, têm um conjunto de estruturas chamadas vértebras, que sustentam seu corpo.

Os vertebrados classificam-se em cinco grupos: mamíferos, aves, répteis, peixes e anfíbios.

coluna vertebral

Jurandir Ribeiro/Arquivo da editora

Os mamíferos

Os mamíferos são animais que produzem leite, com que alimentam suas crias. A maioria dos mamíferos tem pelos e se desenvolve dentro do organismo da fêmea.

Quase todos os mamíferos são terrestres. Eles respiram pelos pulmões.

Os mamíferos que vivem na água, como a baleia, o golfinho e o boto, precisam ir até a superfície para respirar.

A vaca, o cavalo, o coelho, o macaco, o morcego, o tigre, a raposa, o rato e o hipopótamo são alguns exemplos de mamíferos. O ser humano também é um animal mamífero.

Monica Vendramini

30 centímetros

❋ Gata amamentando seus filhotes.

André Seale/Pulsar Imagens

2 metros

❋ golfinho

Fabio Colombini/Acervo do fotógrafo

12 centímetros

❋ O morcego é o único mamífero que voa.

As aves

As aves são animais que nascem de ovos, possuem bico, asas e têm o corpo coberto de penas.

Quase todas as aves são terrestres, respiram pelos pulmões e a maioria é capaz de voar. Entre as aves que não voam e que vivem na água, podemos citar o pinguim. Suas asas funcionam como nadadeiras.

75 centímetros

Wayne Lynch/All Canada Photos/Corbis/Latinstock

pinguins

São exemplos de aves: o beija-flor, o pavão, o pombo, o pato, o avestruz, a arara, o albatroz, o papagaio, o tucano e o urubu.

Os répteis

Os répteis nascem de ovos. Seu corpo é coberto de escamas, placas duras ou carapaças. Eles respiram pelos pulmões e, geralmente, vivem na terra, mas podem também viver na água.

Alguns exemplos de répteis são a cobra, a tartaruga e o jacaré.

1,5 metro

Martin B. Withers; Frank Lane Picture/Corbis/Latinstock

cobra

1,2 metro

David Evison/Shutterstock/Glow Images

tartaruga-verde

Os peixes

Os peixes são vertebrados aquáticos que possuem o corpo coberto de escamas ou de uma pele grossa.

A respiração dos peixes é feita por meio de **brânquias**, também chamadas guelras.

São exemplos de peixes: a sardinha, o cação, o lambari, o pintado, a raia, o linguado, o peixe-espada, o tucunaré, entre muitos outros.

2 metros

Tom Brakefield/Corbis/Latinstock

brânquias

raia

Os anfíbios

Os anfíbios nascem de ovos. Possuem pele lisa, úmida e escorregadia.

Quando são pequenos, os anfíbios vivem na água e respiram por meio de brânquias. Na fase adulta, seus pulmões se desenvolvem e eles passam a viver na terra. Também respiram por meio da pele e precisam viver em lugares úmidos, pois correm o risco de ficar desidratados se permanecerem por muito tempo em ambientes secos.

O sapo, a perereca e a rã são exemplos de anfíbios.

Girinos (nessa fase da vida do sapo ele vive na água).

Sapo adulto (respira por pulmões e vive na terra).

Os invertebrados

Os animais invertebrados não possuem coluna vertebral.

Eles podem ser encontrados nos mais diversos ambientes: na terra, na água, no corpo de outros animais e dentro do solo.

Existe uma variedade muito grande de animais invertebrados, bastante diferentes entre si. Veja:

○ Invertebrados com pernas articuladas

abelha

caranguejo-maria-farinha

cigarra

Animais como esses podem ser encontrados no ar, na terra, nos rios e nos mares. Suas articulações facilitam e ampliam os movimentos.

- Invertebrados de corpo mole, geralmente com uma concha protetora

água-viva

ostra

caramujo

Animais como esses podem ser terrestres ou aquáticos.

- Invertebrados marinhos, com espinhos na superfície do corpo

lírio-do-mar

ouriço-do-mar

estrela-do-mar

- Invertebrados de corpo alongado

solitária

minhoca

lombriga

A lombriga e a solitária, conhecidas popularmente como vermes, desenvolvem-se no interior de alguns animais vertebrados. A minhoca vive no solo.

1 Os animais precisam encontrar ar e alimento no ambiente em que vivem. Água também não pode faltar, porque sem ela nenhum animal consegue se manter vivo.

Observe e responda:

Jurandir Ribeiro/Arquivo da editora

a) Que animais aparecem na cena?

....

b) Qual é o alimento do caracol e do gafanhoto?

....

c) Onde a borboleta encontra alimento?

....

d) De que se alimenta o sapo?

....

2 Observando os animais, percebemos que eles buscam alimento no ambiente em que vivem. Isso não acontece com as plantas. Como elas conseguem alimento?

....

....

....

3 A que grupo pertence cada vertebrado abaixo? Converse com os colegas e escreva.

....

....

....

4 Marque um **X** ao lado dos nomes de animais vertebrados, mamíferos e terrestres. Atenção, os animais devem ter as três características.

◯ boi	◯ morcego	◯ avestruz	◯ baleia
◯ macaco	◯ pinguim	◯ cobra	◯ lobo
◯ golfinho	◯ girafa	◯ pato	◯ ser humano

● Reprodução dos animais

Você sabe como os animais nascem? Todos os animais nascem do mesmo jeito?

Na maioria dos casos, os animais são gerados a partir da união entre um macho e uma fêmea.

De acordo com o tipo de desenvolvimento do animal, podemos classificá-lo em ovovivíparo, ovíparo e vivíparo.

Animais ovovivíparos

As imagens não estão em tamanhos proporcionais entre si.

Animais ovovivíparos são aqueles que se desenvolvem dentro de ovos e eclodem deles ainda no interior da fêmea. Algumas espécies de peixes, como o peixe-espada e o guaru, são exemplos de animais ovovivíparos.

Ilustrações: Jurandir Ribeiro/Arquivo da editora

Animais ovíparos

Muitos animais são ovíparos, isto é, põem ovos que se desenvolvem fora do corpo da fêmea. As aves e os répteis nascem assim. Observe ao lado.

Metamorfose

Alguns animais ovíparos vivem durante certo tempo a fase de larva, como o sapo e a borboleta.

Esses animais se modificam profundamente durante seu desenvolvimento, até atingirem a forma adulta. Essas transformações têm o nome de metamorfose.

larva
(lagarta)

forma adulta

metamorfose ✱
da borboleta

Fotos: Fabio Colombini/Acervo do fotógrafo

Animais vivíparos

Os mamíferos, em sua maioria, são vivíparos: seus filhotes se desenvolvem dentro da barriga da mãe. Nós, os seres humanos, também somos animais vivíparos.

O período em que o animal se desenvolve dentro da barriga da mãe chama-se gestação ou gravidez. Esse período é diferente para cada mamífero:

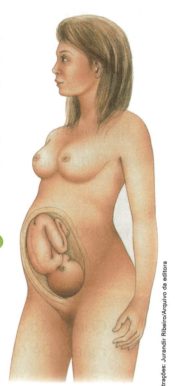

Gestação da mulher: ✳ nove meses.

✳ Gestação da gata: cerca de dois meses.

Ilustrações: Jurandir Ribeiro/Arquivo da editora

Saiba mais

Duração do período de gestação

Nem todos os mamíferos têm o mesmo período de gestação. Por exemplo, os coelhos se reproduzem rapidamente e a gravidez de uma elefanta é muito lenta.

Entre esses extremos, há uma ampla variedade de períodos. O gráfico abaixo mostra o tempo de gestação de alguns mamíferos.

Fabio Colombini/Acervo do fotógrafo

✳ Vaca com 275 dias de gestação.

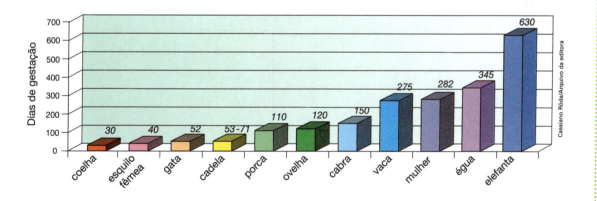

Cassiano Röda/Arquivo da editora

Aprendendo Ciências: conteúdos essenciais para o Ensino Fundamental de 1ª a 4ª série, de César Coll e Ana Teberosky. São Paulo: Ática, 2000.

Unidade 3

1 Responda:

a) O que permite a continuidade da vida na Terra?

....

b) Onde podem se formar e se desenvolver os filhotes de muitos animais antes de nascer?

....

c) Como são chamados os animais cujos ovos eclodem dentro do corpo das mães? Dê um exemplo.

....

2 Coloque nos quadros nomes de animais que você conhece.

Ovíparos	Vivíparos

o Agora, escolha um animal de cada coluna e faça um desenho mostrando o seu processo reprodutivo.

Cadeia alimentar

Na natureza, tudo funciona perfeitamente, os seres vivos conseguem, no local em que vivem, aquilo de que precisam para sobreviver.

Você já sabe que as plantas produzem o próprio alimento. Por isso, são chamadas de seres **produtores**.

Já os animais se alimentam de outros seres vivos, pois não produzem o próprio alimento. Eles são chamados **consumidores**. Alguns animais só comem plantas, outros comem animais.

Quando plantas e animais morrem, eles são decompostos na natureza, isto é, apodrecem. São as bactérias e algumas espécies de fungos que fazem com que isso aconteça. Esses seres que se alimentam de restos de plantas e de animais que já morreram são chamados **decompositores**.

Veja, na figura abaixo, como essa relação de alimentação entre os seres vivos pode acontecer.

consumidor

produtor

decompositores
(micróbios)

Jurandir Ribeiro/Arquivo da editora

Como você pode perceber, produtores, consumidores e decompositores estão ligados pelo alimento. É como se fosse uma corrente, à qual damos o nome de **cadeia alimentar**.

Cada elo da corrente representa um tipo de ser vivo que serve de alimento para o seguinte, e assim por diante.

Como o ser humano pode extinguir a vida na Terra

O planeta Terra já passou por cinco grandes extinções de seres vivos. A mais famosa delas foi a extinção dos dinossauros. Todas essas tragédias foram provocadas por fatores naturais — como a queda de um grande meteoro, por exemplo. Cientistas e estudiosos acreditam que a próxima extinção da vida no planeta Terra poderá ser causada pelo próprio ser humano, e isso infelizmente já vem acontecendo.

Área desmatada ilegalmente na Amazônia.

Ernesto Reghran/Pulsar Imagens

Você sabia que o desmatamento, mesmo que seja pequeno, pode colocar em risco uma cadeia alimentar inteira? Isso porque quando destruímos o *habitat* de um animal, por exemplo, ele pode sumir daquela região e desequilibrar toda a cadeia alimentar.

- Dividam-se em grupos e pesquisem sobre animais ameaçados de extinção na Amazônia por causa do desmatamento. Depois, compartilhem o que descobriram.

Natureza em risco: humanidade em risco

Desde que o ser humano desenvolveu sua inteligência e sua capacidade de modificar o ecossistema, passamos a conviver com a possibilidade de a vida no planeta se extinguir. Desmatamento, poluição do ar, do solo e da água, caça e pesca predatórias são alguns exemplos de intervenção do ser humano no meio ambiente. E essas intervenções são prejudiciais ao desenvolvimento da vida no planeta.

A ameaça humana

No curto período de tempo em que o homem está sobre a Terra, já poluiu o ar, o solo e o mar, promoveu o desmatamento descontrolado, a caça e a pesca predatórias e explorou recursos naturais ao extremo. Agora ele está até mesmo alterando o clima do planeta inteiro pela emissão de combustíveis fósseis. Diversas espécies de mamíferos, pássaros, répteis, peixes, insetos e até vegetais já foram extintas. Muitas delas são extintas antes mesmo de serem descobertas.

Colocar a natureza em risco também coloca em perigo a humanidade. Intervenções do ser humano nos ecossistemas estão devastando cadeias alimentares e provocando extinção em massa de espécies. Poderia esse processo culminar com nosso próprio fim?

Superinteressante. Disponível em: <http://super.abril.com.br/cotidiano/ameaca-humana-735781.shtml>. Acesso em: 19 mar. 2015. (Texto adaptado).

Nas últimas décadas, muitos animais e plantas foram extintos pelo ser humano. Uma lista elaborada em 2012 pela União Internacional pela Conservação da Natureza (IUCN) cita mais de 19 mil espécies de plantas e animais que correm risco de extinção. Muitas pessoas afirmam, contudo, que tanto a extinção quanto a sobrevivência dos seres vivos no planeta Terra dependem do ser humano. Podemos criar formas de conviver com a natureza sem extingui-la. Para isso, devemos adotar novos hábitos e tomar consciência das ameaças de nossas ações predatórias.

George Steinmetz/Corbis/Latinstock

O lixo marinho é um exemplo de ameaça ao ecossistema. Ele mata animais que o ingerem (ou que ficam presos a ele), colocando em risco cadeias alimentares importantes para o equilíbrio do planeta.

○ Em grupos, pesquisem sobre cadeias alimentares terrestres e aquáticas. Escolham uma cadeia para representar em um esquema em forma de cartaz. Falem sobre os animais e as plantas pesquisados e, se possível, sobre a situação deles no planeta Terra (se existem em abundância ou se correm risco de extinção).

Atividades

1 Complete as cadeias alimentares abaixo com o nome dos seres que as compõem.

As imagens não estão em tamanhos proporcionais entre si.

a)

Debra Ferguson/Agstockusa/Grupo Keystone

Nigel Cattlin/Visuals Unlimited/Corbis/Latinstock

George Grall/National Geographic/Getty Images

....

b)

Fabio Colombini/Acervo do fotógrafo

Luciano Candisani/kino.com.br

Anthony-Masterson/FoodPix/Getty Images

....

c) Observe, agora, o primeiro elemento de cada uma dessas cadeias. É sempre um animal ou um vegetal? Você saberia explicar por quê?

....

....

....

....

d) Os decompositores também fazem parte dessas cadeias alimentares? Qual é a função deles?

....

....

....

2 Observe a figura e responda:

a) Qual é o alimento da lagarta?

....

....

....

b) Qual é o alimento do pássaro?

....

....

....

3 Quando o ser humano interfere nas cadeias alimentares, acontecem sérios problemas no ambiente. Observe a cadeia alimentar abaixo.

planta aquática

caramujo

peixe

Ilustrações: J. Rodrigues/Arquivo da editora

o Imagine e escreva o que poderia acontecer se, por causa da poluição ou da pesca descontrolada, a maioria dos peixes desse lago morresse.

....

....

....

A importância dos animais para o ser humano

Há milhões de anos, antes de o ser humano surgir na Terra, os dinossauros habitavam o planeta.

Depois que o ser humano surgiu, passou a conviver com os mais diferentes tipos de animais e aprendeu a domesticá-los.

Alguns animais, como o cavalo, o cachorro, o porco e a vaca, foram capturados pelo ser humano para que este pudesse obter:

- alimentos;
- matéria-prima para confeccionar roupas e sapatos;
- meio de transporte para pessoas e mercadorias;
- proteção, companhia e lazer.

Alguns animais passaram a ser rejeitados pelos seres humnos por serem venenosos ou transmissores de doenças, como a barata, o rato, o escorpião e a mosca. Outros, como o gafanhoto, são vistos como praga porque quando se tornam numerosos podem destruir plantações.

Homem ordenhando uma vaca.

Ainda que alguns animais possam causar danos ao ser humano em determinadas situações, não faz sentido falar neles como se fossem inúteis e querer exterminá-los, pois cada um tem sua importância na natureza. Além disso, a natureza não existe em função do ser humano, ele é apenas mais um integrante do meio ambiente.

Os gafanhotos podem devorar extensas plantações.

Atividades

1 Converse com os colegas sobre os animais mostrados a seguir. Depois, escreva de que forma cada um deles está ligado aos seres humanos.

_____

_____

_____

_____

2 Muitas cidades proíbem a apresentação de animais nos circos. Por que você acha que isso acontece? Como será a vida dos animais nos circos? São bem tratados? Vivem livres ou presos? Registre sua opinião no caderno.

Ideias em ação

A germinação do feijão

O que é necessário para que uma semente germine, produzindo uma nova planta? Para descobrir, basta seguir os passos do experimento abaixo. Em aproximadamente uma semana você já terá a resposta!

Material necessário

- 16 grãos de feijão
- um pouco de terra preta, seca
- um pedaço de algodão
- oito copinhos plásticos
- água
- etiquetas
- lápis
- uma seringa plástica sem a agulha
- uma caixa com furos (feitos por um adulto) e tampa

Procedimentos

1. Coloque um pedaço de algodão no fundo de quatro copinhos. Em seguida, despeje um pouco de terra nos outros quatro copos. Coloque 2 grãos de feijão em cada um dos copinhos.

2. Identifique todos os copinhos com números de 1 a 8, conforme o desenho.

* Os copos de terra têm números de 1 a 4; os copos de algodão, de 5 a 8.

3. Coloque os copinhos de números pares (2, 4, 6 e 8) na caixa com furinhos. Depois, feche-a com a tampa.

OS FUROS DEIXAM O AR ENTRAR.

Ilustrações: Fábio Sgroi/Arquivo da editora

4. Agora, deixe os copos de números ímpares (1, 3, 5 e 7) em um local com bastante luminosidade.

5. Utilizando uma seringa, coloque a mesma quantidade de água na terra e no algodão dos copos 2 e 6, e depois dos copos 1 e 5. Procure não colocar água demais: só o suficiente para deixar o algodão e a terra molhados.

AGORA VOU MOLHAR OS COPINHOS 1 E 5.

VOU MOLHAR APENAS OS COPINHOS 2 E 6 E FECHAR A CAIXA DE NOVO.

Ilustrações: Fábio Sgroi/Arquivo da editora

6. Repita o procedimento diariamente, mas não encharque o algodão nem a terra.

Observação

o Observe durante uma semana para descobrir quais são os elementos vitais à germinação de uma semente. Utilize a tabela ao lado para orientar seus estudos.

Teste de germinação			Copo nº	Resultado
com terra	com água	com luz	1	
		sem luz	2	
	sem água	com luz	3	
		sem luz	4	
com algodão	com água	com luz	5	
		sem luz	6	
	sem água	com luz	7	
		sem luz	8	

Balaio de ideias, de Sérgio Capparelli. Porto Alegre: Projeto, 2006. p. 18-19. (Texto adaptado).

Agora que você já sabe mais sobre a germinação e o crescimento dos vegetais, que tal fazer a mesma experiência com outras espécies?

Depois de um tempo, você terá habilidade para cuidar de muitos vegetais diferentes. Você poderá, então, criar uma pequena horta em sua casa, para plantar temperos para seus pais usarem no preparo dos alimentos.

Unidade 3

UNIDADE 4

Ser humano e saúde

Vamos conversar?

- Nosso corpo tem vários sistemas. Você sabe o que é isso?
- Você sabe o que fazer para manter seu corpo saudável?

O que vou estudar?

- O ser humano
- Ossos e músculos do corpo humano
- Como funciona nosso corpo: os sistemas
- Saúde e higiene
- Higiene física e mental
- Saneamento básico
- As doenças
- Primeiros socorros

Ilustra Cartoon/Arquivo da editora

Capítulo

14 O ser humano

Até aqui você estudou muitas coisas sobre a Terra e o que existe nela — a água, o ar, o solo, os vegetais e os animais.

Agora vamos aprender um pouco mais sobre o ser humano?

Nós, seres humanos, pertencemos ao grupo dos animais. A grande diferença entre o ser humano e os outros animais é sua capacidade de raciocinar.

Assim como todos os seres vivos, o ser humano passa por um ciclo de vida: nasce, cresce, pode se reproduzir, e morre.

A reprodução dos seres humanos se dá com a união das células reprodutoras de uma mulher e um homem, formando uma única célula ou ovo, denominado **zigoto**. Antes de nascer, o bebê desenvolve-se dentro da barriga da mãe. Durante a gravidez, a mãe fornece a ele alimento e calor.

Cores fantasia

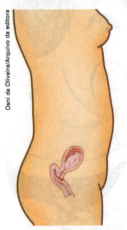 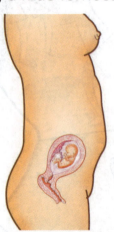 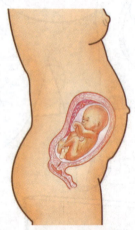 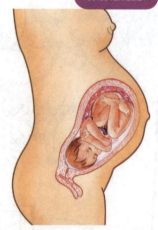

Osni de Oliveira/Arquivo da editora

Muitos filhotes de animais tornam-se independentes muito cedo, precisando caçar o próprio alimento. Já o ser humano, nos primeiros anos de vida, depende de outra pessoa para sobreviver. A Organização Mundial da Saúde (OMS) recomenda que a alimentação humana seja exclusivamente de leite materno pelo menos até os seis meses de vida, pois ele contém todos os nutrientes necessários para o desenvolvimento de uma criança nessa fase.

Virginia Star/Flickr/Getty Images

O crescimento do ser humano tem várias fases: infância, adolescência e maturidade ou fase adulta. Observe:

Bebê de 2 meses   Criança de 6 anos   Adolescente de 17 anos   Adulta de 40 anos

Em todas as fases da vida, os seres humanos precisam de uma boa alimentação e de vários cuidados para manter a saúde.

● O corpo humano

Para melhor estudar o corpo humano, costuma-se dividi-lo em quatro partes: **cabeça**, **pescoço**, **tronco** e **membros**. Os membros superiores são formados por braços, antebraços e mãos. Os membros inferiores são formados por coxas, pernas e pés.

Unidade 4

A cabeça é formada pelo crânio e pela face.

Dentro do crânio fica o **encéfalo**, que comanda o nosso corpo e é responsável pelos movimentos, pela nossa vontade e nossa inteligência.

O pescoço liga a cabeça ao tronco. Nele, ficam a faringe e a laringe.

O tronco é formado pelo tórax, ou peito, e pelo abdome, ou barriga. O coração e os pulmões ficam no tórax. No abdome estão o estômago, os intestinos, o fígado, os rins e outros órgãos.

Cores fantasia

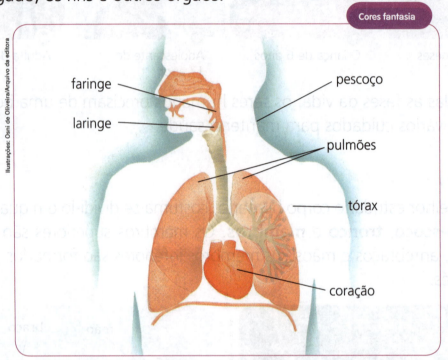

faringe
laringe
pescoço
pulmões
tórax
coração

Cores fantasia

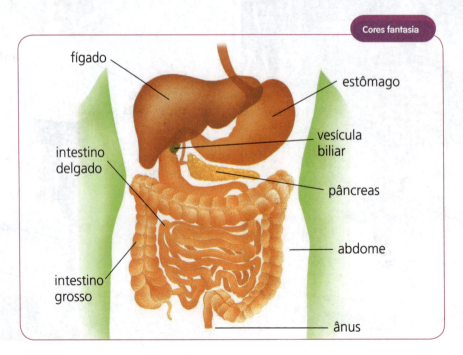

fígado
estômago
vesícula biliar
intestino delgado
pâncreas
intestino grosso
abdome
ânus

Ilustrações: Osni de Oliveira/Arquivo da editora

1 O ser humano é um animal vertebrado com várias características que o diferenciam dos outros animais.

Escreva a seguir algumas dessas características.

○ ....

....

....

....

○ ....

....

....

○ ....

....

....

....

2 Assinale a alternativa incorreta:

○ O ser humano é um animal racional.

○ Para crescer, um bebê recém-nascido precisa de nutrientes do leite, da carne e dos vegetais.

○ Depois de nascer, o bebê continua crescendo e chega à fase adulta.

○ Muitos animais já aprendem a caçar quando são filhotes.

○ Agora, corrija a frase que você assinalou.

....

....

3 Observe a figura e complete os quadros com o termo correspondente.

Dentro do crânio, fica o

....

Os membros superiores são formados por ....,

.... e ....

Os .... e o coração ficam no

....

No abdome, encontram-se o

.............................., os ....,

o ...., os ....

e outros órgãos.

Coxas, pernas e pés formam os

....

wavebreakmedia/Shutterstock/Glow Images

Capítulo 15

Ossos e músculos do corpo humano

Leia o texto a seguir:

Se não tivéssemos ossos, seríamos tão moles como gelatina. Os ossos que formam o esqueleto nos dão suporte e proteção contra ferimentos. Contudo, se nosso corpo fosse feito apenas de ossos, seríamos como uma marionete sem os cordões, um amontoado só de ossos. Evidentemente não temos cordões nos comandando de cima, mas temos cordões internos: os músculos. Os músculos são presos aos ossos e os mantêm no lugar. Graças a eles também podemos mover os ossos quando necessário: basta contrair um músculo que nosso osso se movimenta.

Atlas do corpo humano, de Mark Crocker. São Paulo: Scipione, 1994.

Os ossos

Os ossos são estruturas duras do corpo que, em conjunto, formam o esqueleto. Observe a figura.

Alguns ossos são longos, como os ossos das clavículas, das costelas e dos membros. Outros ossos são curtos, como os ossos das vértebras, dos pés e das mãos. Há também ossos chatos, como os do crânio e os da face.

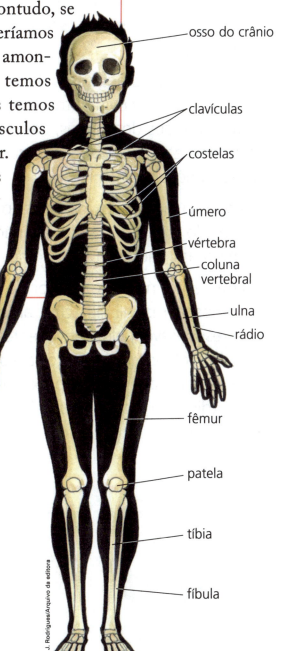

osso do crânio

clavículas

costelas

úmero

vértebra

coluna vertebral

ulna

rádio

fêmur

patela

tíbia

fíbula

J. Rodrigues/Arquivo da editora

Unidade 4

Os ossos que formam o esqueleto estão ligados uns aos outros por meio das articulações. Uma **articulação** é o encontro de dois ou mais ossos.

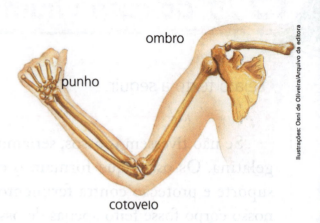

ombro

punho

cotovelo

Certas articulações têm um movimento bastante amplo. Outras produzem movimentos menores. Outras, ainda, praticamente não se mexem durante toda a vida. Por isso as articulações se classificam em móveis, semimóveis e imóveis.

As articulações dos ossos dos braços e das pernas, por exemplo, fazem movimentos bem amplos. São articulações móveis.

As articulações dos ossos da coluna vertebral fazem movimentos menores que as dos ossos dos braços, das mãos, das pernas, etc. São, portanto, articulações semimóveis.

As articulações dos ossos da parte superior do crânio são unidas e não se movimentam, são articulações imóveis.

Entretanto, na parte inferior do crânio temos a mandíbula, cuja articulação é responsável pelos movimentos da boca. No interior dessa articulação há discos de cartilagem bem próximos às orelhas (direita e esquerda) que facilitam o movimento.

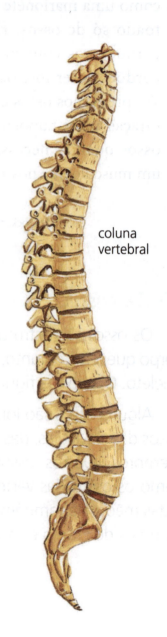

coluna vertebral

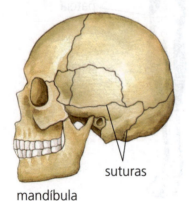

suturas

mandíbula

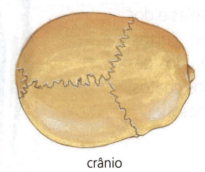

crânio

● Os músculos

Os movimentos de nosso corpo dependem dos ossos e dos músculos.

O esqueleto dá sustentação ao corpo, e os músculos dão movimento aos ossos.

Para movimentar os cerca de duzentos ossos de nosso corpo, temos mais de quinhentos músculos, localizados entre a pele e os ossos, recobrindo todo o nosso esqueleto.

Há músculos sobre os quais temos controle; eles movem os braços, as pernas e outras partes do corpo.

No entanto, nem todos os músculos obedecem à nossa vontade. O músculo estriado cardíaco, por exemplo, mantém o coração batendo constantemente, dia e noite, porque ele não necessita de um comando consciente para funcionar.

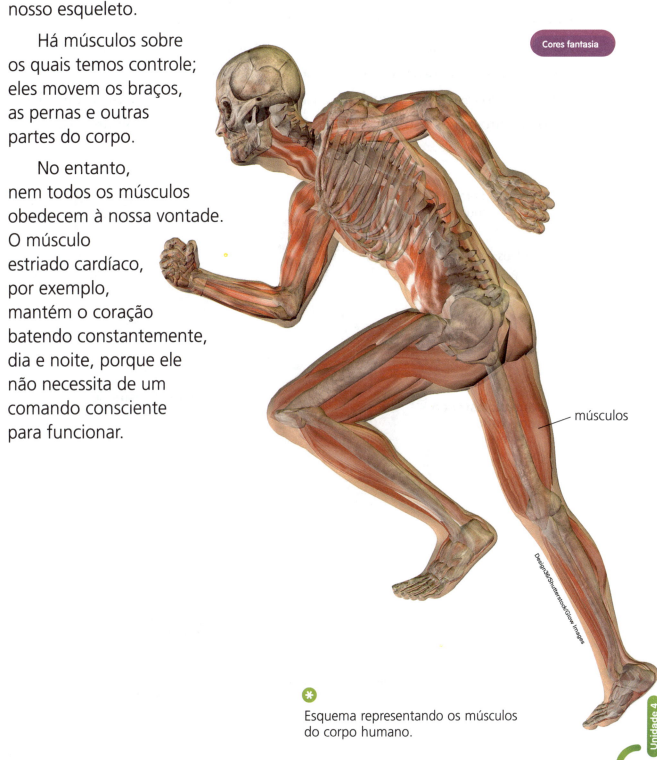

Cores fantasia

músculos

Design36/Shutterstock/Glow Images

✳

Esquema representando os músculos do corpo humano.

Tipos de músculos

Temos três tipos de músculos no corpo: o **estriado esquelético**, o **estriado cardíaco** e o **não estriado**. Os músculos estriados esqueléticos são os que recobrem o esqueleto e permitem que nos movimentemos.

Os músculos não estriados — presentes em órgãos como o tubo digestório e os vasos sanguíneos — auxiliam nossos movimentos internos.

O músculo estriado cardíaco constitui o coração, que bombeia incansavelmente o sangue do coração durante toda a nossa vida.

Os músculos estriados esqueléticos são voluntários, isto é, podemos controlar seus movimentos; já os não estriados e o estriado cardíaco são involuntários.

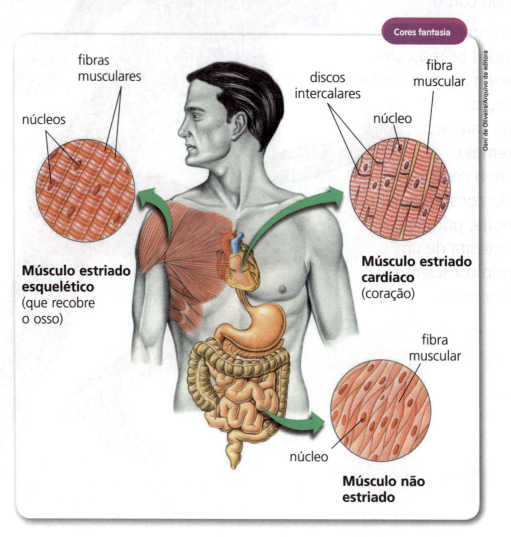

Cores fantasia

fibras musculares

núcleos

discos intercalares

fibra muscular

núcleo

Músculo estriado esquelético
(que recobre o osso)

Músculo estriado cardíaco
(coração)

fibra muscular

núcleo

Músculo não estriado

Osni de Oliveira/Arquivo da editora

Investigando o corpo humano, de José Amabis e Gilberto Martho. São Paulo: Scipione, 1995. p. 41. (Texto adaptado).

Atividades

1 Classifique as articulações em móveis, imóveis ou semimóveis.

a) As articulações do joelho são ....

b) As articulações da parte superior do crânio são ....

c) As articulações das mãos são ....

d) As articulações da coluna vertebral são ....

2 Responda às questões a seguir.

a) Quais são as estruturas responsáveis pelo movimento de nosso corpo? Como elas funcionam?

....

....

....

b) Como se chama o conjunto dos ossos que sustentam nosso corpo?

....

3 Sem os músculos não poderíamos movimentar nosso corpo. A movimentação é muito importante, pois por meio dela podemos fazer coisas simples, como andar, sentar, praticar atividades físicas, dormir e engolir.

Observe a figura ao lado e, com base nela, escreva um texto no caderno sobre a importância da movimentação do nosso corpo no dia a dia.

Fernando Favoretto/Criar Imagem

Capítulo 16
Como funciona nosso corpo: os sistemas

OED

O corpo humano está o tempo todo trabalhando. No dia a dia, enquanto você brinca, estuda ou come, uma série de outras coisas acontece "dentro" de você: seu coração bate, seus rins filtram o sangue, seu cérebro pensa. Até quando você dorme, diferentes partes de seu corpo estão em atividade.

As várias partes desse organismo extraordinário, que é o nosso corpo, precisam combinar suas funções para trabalhar em harmonia.

O corpo humano está dividido em partes constituídas de outras partes menores, e assim por diante.

As partes que trabalham juntas para realizar uma mesma tarefa ou função formam conjuntos, conhecidos como **sistemas**.

Nosso organismo tem vários sistemas, cada um deles com uma função.

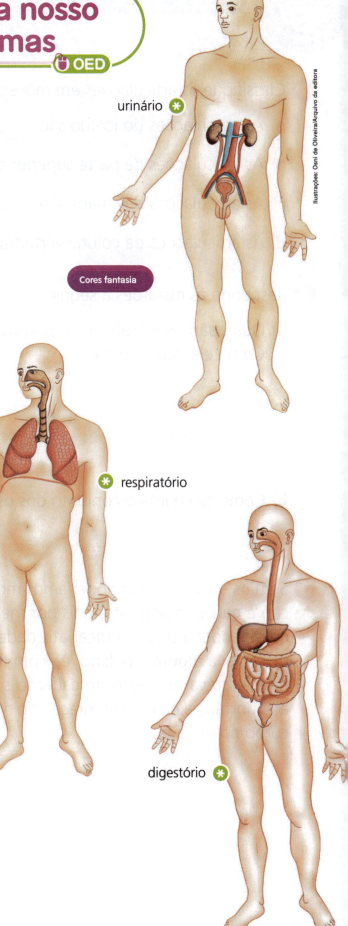

urinário

Cores fantasia

respiratório

digestório

Ilustrações: Osni de Oliveira/Arquivo da editora

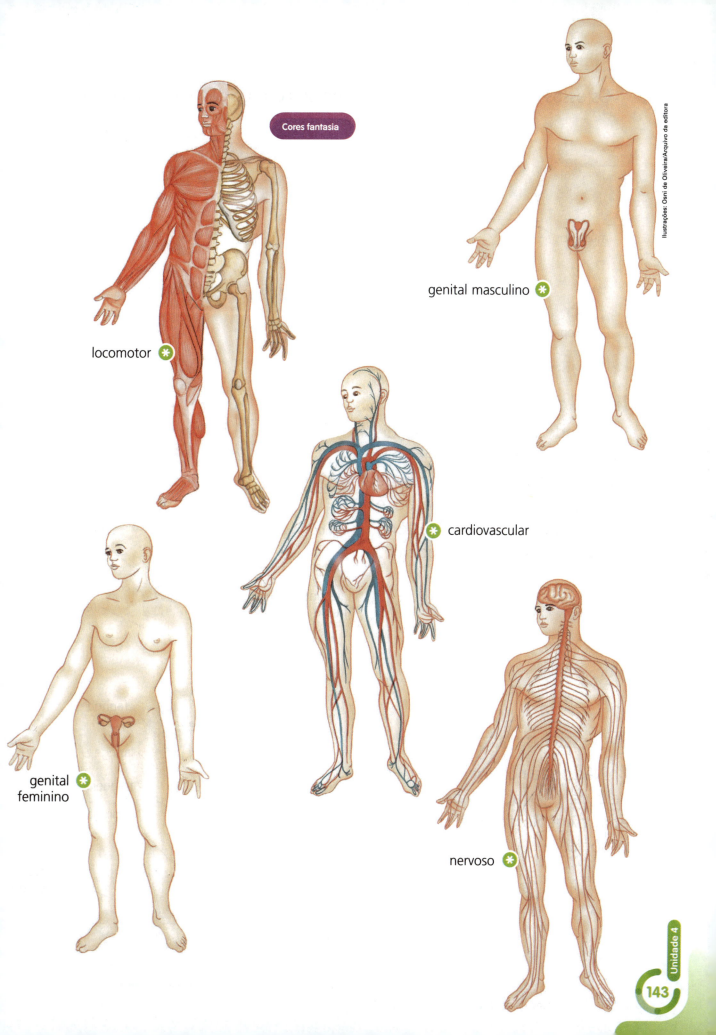

Cores fantasia

locomotor ✳

genital masculino ✳

cardiovascular ✳

genital feminino ✳

nervoso ✳

Ilustrações: Osni de Oliveira/Arquivo da editora

● Sistema locomotor

Os ossos e os músculos sustentam nosso corpo e dão movimento a ele.

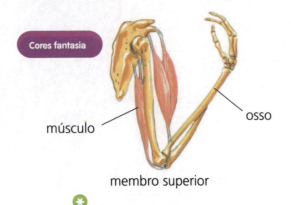

Cores fantasia

músculo

osso

membro superior

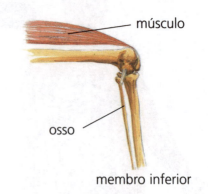

músculo

osso

membro inferior

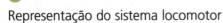
Representação do sistema locomotor

● Sistema digestório

Quando os alimentos são digeridos, eles se transformam em substâncias que o organismo pode aproveitar. Essa transformação é realizada pelo sistema digestório e pelos órgãos que o compõem.

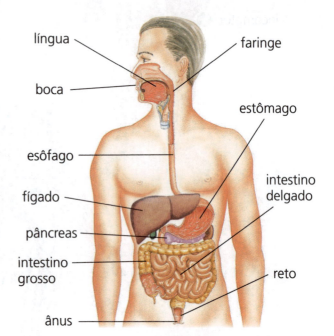

língua
faringe
boca
estômago
esôfago
fígado
intestino delgado
pâncreas
intestino grosso
reto
ânus

● Sistema respiratório

Não podemos viver sem ar. Por meio da respiração, nosso corpo retira oxigênio do ar e libera gás carbônico.

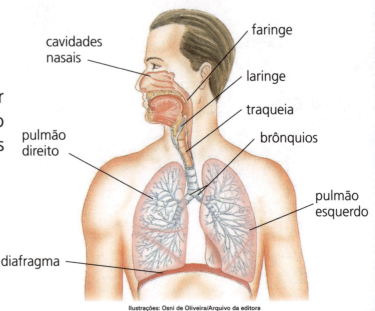

cavidades nasais
faringe
laringe
traqueia
pulmão direito
brônquios
pulmão esquerdo
diafragma

Ilustrações: Osni de Oliveira/Arquivo da editora

Sistema cardiovascular

O sangue circula sem parar por todo o nosso corpo, levando a todas as partes o alimento e o oxigênio de que necessitamos para viver.

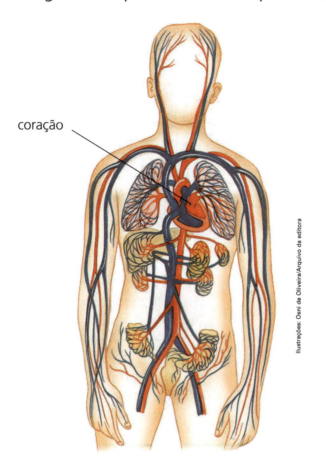

Cores fantasia

coração

Ilustrações: Osni de Oliveira/Arquivo da editora

Sistema nervoso

O encéfalo comanda todas as funções de nosso corpo: correr, respirar, ouvir, ver, além de muitas outras habilidades.

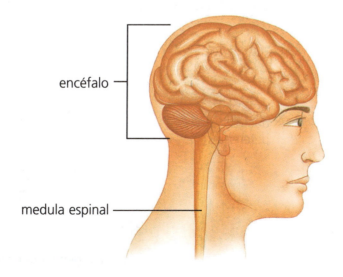

encéfalo

medula espinal

Unidade 4

Sistema urinário

As substâncias tóxicas para nosso organismo são eliminadas pela urina.

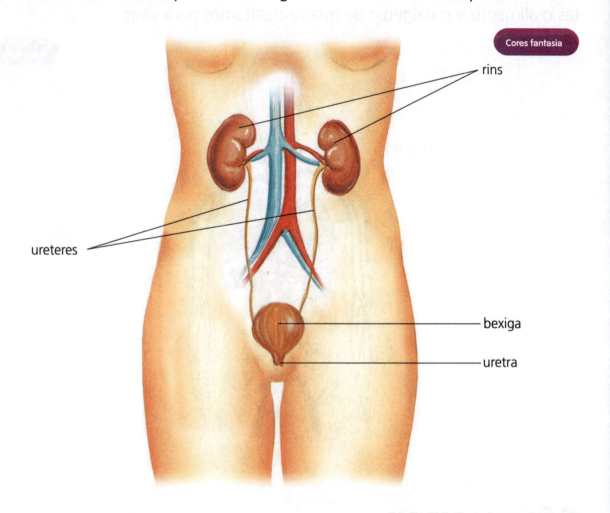

Cores fantasia

rins

ureteres

bexiga

uretra

Sistema genital

Nos testículos do homem e nos ovários da mulher são produzidas as células reprodutoras: os espermatozoides e os óvulos, respectivamente.

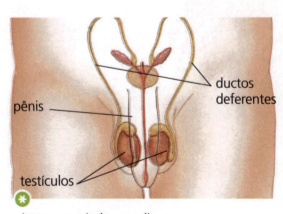

pênis

ductos deferentes

testículos

sistema genital masculino

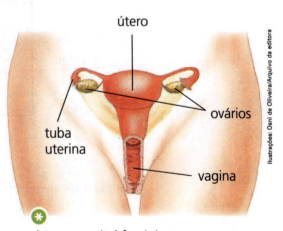

útero

ovários

tuba uterina

vagina

sistema genital feminino

Ilustrações: Osni de Oliveira/Arquivo da editora

Atividades

1 As funções do corpo são sempre desempenhadas por sistemas. Escreva, com suas palavras, qual é a função do sistema digestório.

....

....

....

....

2 Relacione os sistemas do corpo humano às suas funções.

Sistema cardiovascular	Responsável pela respiração.
Sistema respiratório	Comanda as funções do corpo.
Sistema genital	Elimina as substâncias tóxicas ao corpo.
Sistema locomotor	Responsável pela circulação de sangue, oxigênio e alimento no corpo.
Sistema nervoso	Produz as células reprodutoras.
Sistema digestório	Sustenta e dá movimento ao corpo.
Sistema urinário	Faz a digestão dos alimentos.

3 Dos sistemas do corpo humano que você aprendeu, qual funcionamento você teve mais dificuldade para entender? Desenhe-o e compare com os desenhos de seus colegas para que, juntos, vocês tentem compreender esses sistemas.

Saúde e higiene

Em sua opinião, a saúde está relacionada à alimentação? E ao ambiente?

Ter disposição para realizar atividades como estudar, brincar e correr está relacionado a práticas de higiene física e hábitos saudáveis, o que também inclui cuidados com a alimentação.

● Alimentação

Todos os seres vivos precisam de alimentos: eles são muito importantes para nosso crescimento, previnem doenças, além de dar energia para que possamos estudar, trabalhar, brincar e realizar muitas outras atividades.

Nós, os seres humanos, comemos alimentos de diferentes origens: mineral, vegetal e animal.

Os alimentos contêm diversos tipos de substâncias: açúcares, gorduras, vitaminas, proteínas, sais minerais e água.

De acordo com as substâncias que contêm, os alimentos são classificados em três grupos: construtores, energéticos e reguladores.

Os **alimentos construtores**, também chamados de alimentos elásticos, são ricos em proteínas, substâncias que favorecem o crescimento e repõem o que foi gasto pelo corpo.

A carne, o leite, o queijo, o ovo, o feijão e a ervilha são exemplos de alimentos construtores.

Os **alimentos energéticos** são ricos em açúcares e gorduras. Eles fornecem energia para o nosso corpo realizar suas atividades e produzir calor.

A maioria das frutas, a manteiga, o óleo, o arroz, o mel, a batata e os doces são exemplos de alimentos energéticos.

Alimentos construtores

Alex459/Shutterstock/Glow Images

Nattika/Shutterstock/Glow Images

Evgeny Karandaev/Shutterstock/Glow Images

Ispace/Shutterstock/Glow Images

Alimentos energéticos

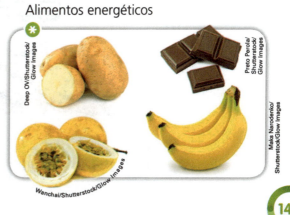

Deep OV/Shutterstock/Glow Images

Preto Perola/Shutterstock/Glow Images

Maks Narodenko/Shutterstock/Glow Images

Wanchai/Shutterstock/Glow Images

Os **alimentos reguladores** são ricos em vitaminas e sais minerais, substâncias que regulam o funcionamento do organismo e previnem doenças. As frutas, os legumes, as verduras, os queijos e os peixes são exemplos de alimentos reguladores.

Para ter boa saúde, é preciso ingerir alimentos construtores, energéticos e reguladores na quantidade adequada ao organismo e à idade. Mas lembre-se: comer demais não faz bem à saúde.

Alimentos reguladores

Janis Smits/Shutterstock/Glow Images

Africa Studio/Shutterstock/Glow Images

Diedie/Shutterstock/Glow Images

MaraZe/Shutterstock/Glow Images

Veja a seguir um exemplo de pirâmide alimentar, que indica os alimentos nas quantidades certas para a sua idade.

Alguns cuidados importantes para uma boa alimentação:

- Comer pouca fritura.
- Tomar água filtrada ou fervida todos os dias.
- Comer frutas e verduras diariamente (é necessário lavá-las bem antes de comer).
- Tomar leite fervido ou pasteurizado.
- Mastigar bem os alimentos.
- Procurar fazer as refeições em horários regulares.

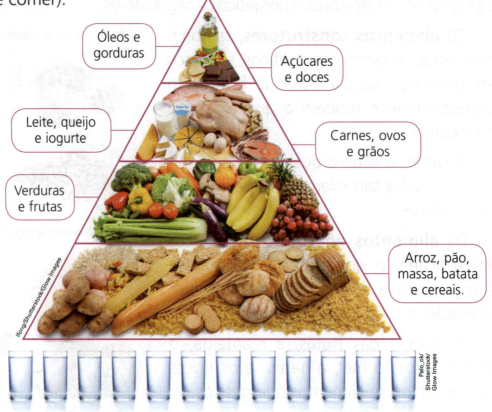

Óleos e gorduras

Açúcares e doces

Leite, queijo e iogurte

Carnes, ovos e grãos

Verduras e frutas

Arroz, pão, massa, batata e cereais.

Ifong/Shutterstock/Glow Images

Palo_ok/Shutterstock/Glow Images

Atividades

1 Converse com os colegas e anote suas conclusões: por que os alimentos são importantes para a saúde?

....

....

2 Classifique os alimentos abaixo de acordo com a função que exercem.

a) Fornecem energia ao organismo:

....

b) Regulam o funcionamento do corpo e previnem doenças:

....

c) Ajudam no crescimento do corpo e repõem o que foi gasto pelo organismo:

....

3 Que alimentos você costuma ingerir diariamente? Cite alguns, completando a tabela.

Reguladores	....
Construtores	....
Energéticos	....

● Higiene e hábitos saudáveis

O que precisamos fazer para ter uma vida saudável? Afinal, o que é ser saudável?

Além de uma boa alimentação, há outros aspectos que devem ser lembrados quando falamos em saúde.

Ser saudável não significa apenas não estar doente. Além das doenças, existem outros fatores que diminuem nossa disposição, nossa força física e nosso ânimo na realização das atividades diárias. Situações como a perda de uma pessoa ou de um animal de que gostamos ou uma grande decepção podem comprometer nossa saúde.

Ter uma vida saudável significa cuidar do corpo, da mente e também do meio onde vivemos. Significa preservar não somente a saúde física, mas também o bem-estar mental e social.

Veja, a seguir, alguns cuidados que devemos ter com o nosso corpo:

○ Tomar banho todos os dias.

○ Escovar os dentes ao levantar, após as refeições e antes de dormir.

○ Lavar as mãos antes das refeições, depois de brincar e após ir ao banheiro.

○ Andar calçado para evitar que larvas de certos vermes penetrem no organismo pelos pés.

○ Comer alimentos variados e em horários regulares.

○ Dormir cerca de oito horas por noite.

Cuidar da saúde da mente também deve ser uma de nossas preocupações. Para isso, é importante:

- o viver em ambiente tranquilo, relacionando-se bem com as pessoas;
- o ler jornais, revistas e livros recomendados por seus pais e professores;

- o ouvir músicas que nos relaxem da tensão do dia a dia e não muito alto para não prejudicar a audição nem atrapalhar os vizinhos;
- o divertir-se (assistindo a bons programas de televisão, passeando, indo ao cinema, a parques, a museus, etc.);
- o praticar atividades físicas (por exemplo, esportes, caminhadas e danças).

Convívio social

O ser humano não vive isolado. As pessoas precisam conviver umas com as outras. Mas para que essa convivência seja boa para todos, é necessário:

- o respeitar os direitos dos outros;
- o tratar as pessoas com educação e delicadeza;
- o manter limpos os lugares públicos, jogando o lixo nos lugares adequados e nunca no chão;
- o não desperdiçar água nem energia elétrica;
- o conservar os bens públicos, como telefones, bancos de praças e monumentos.

Atividades

1 O que você faria em cada uma destas situações? Faça um **X** na resposta escolhida.

a) Você está brincando na rua com seus colegas e sua mãe o chama para o almoço.

   ◯ Você entra e senta-se à mesa para comer.

   ◯ Você entra, lava as mãos e senta-se à mesa para comer.

b) Você termina de almoçar e seus colegas o chamam para continuar a brincadeira.

   ◯ Antes de sair, você escova os dentes.

   ◯ Você levanta da mesa correndo e vai brincar.

c) Já passa das 10 horas da noite e você está com o aparelho de som ligado, ouvindo sua banda favorita.

   ◯ O som está bem alto para seu vizinho poder ouvir também.

   ◯ O som está baixo para não incomodar os vizinhos.

2 Para ter uma vida saudável, é importante que suas atividades físicas e mentais sejam distribuídas ao longo da semana de forma equilibrada.
Por exemplo, quem só pensa em se exercitar pode estar deixando de aprender muitas coisas, e quem só pensa em assistir a filmes, ler e navegar na internet pode ter problemas de saúde por falta de exercícios físicos.

Agora, pense um pouco sobre você.

- Como é sua rotina?

- Você pratica atividades físicas?

- Quanto tempo passa assistindo à televisão ou lendo livros e revistas?

- Converse com os colegas e o professor.

Saneamento básico

Saneamento é o conjunto de medidas, providenciadas pelos poderes públicos, que visam preservar ou modificar as condições do meio ambiente para prevenir doenças e promover a saúde das pessoas.

Os principais serviços de saneamento básico são:

- tratamento e distribuição de água;
- coleta e tratamento de lixo;
- rede e tratamento de esgoto.

Tratamento e distribuição de água

A água deve ser tratada e purificada antes de ser distribuída à população. Para isso existem estações de tratamento em quase todas as cidades. No entanto, mesmo sendo tratada, devemos filtrar a água que chega à nossa casa antes de bebê-la.

Nos lugares onde não há estações de tratamento e naqueles onde se consome água de poço, é preciso fervê-la ou adicionar cloro a ela, além de filtrá-la.

*É preciso consumir água filtrada.

Fernando Favoretto/Criar Imagem

Sem o tratamento adequado, a água pode transmitir muitas doenças.

● Coleta e tratamento de lixo

Para que o lixo seja recolhido, ele deve ser colocado em sacos plásticos ou em latas devidamente tampadas. O lixo espalhado no ambiente polui o solo, a água e o ar.

Algumas cidades brasileiras têm usinas de coleta seletiva, ou seja, de tratamento e reciclagem de lixo para reaproveitamento de vidros, papéis, plásticos e latas. Mas, para que esses materiais possam ser reciclados, devemos colocá-los em recipientes separados (o vidro em um recipiente específico para vidro, o papel em um recipiente específico para papéis, e assim por diante).

Sem a coleta de lixo, as ruas ficam sujas, atraindo ratos e moscas, o que acaba aumentando a ocorrência de doenças.

Os restos de alimentos, cascas de frutas e legumes formam o **lixo orgânico**, ou seja, o que apodrece. Esse lixo também pode ser tratado em usinas e transformado em adubo para fertilizar o solo. Em menores proporções, também podemos reaproveitar esse lixo em casa com o uso de composteiras.

Trabalhadores em usina de compostagem e reciclagem separando plásticos do lixo que será transformado em adubo.

● Rede e tratamento de esgoto

Uma rede de esgoto é constituída por um conjunto de tubulações subterrâneas por onde são recolhidos os ==dejetos==, a água suja e outros ==resíduos== que vêm, por exemplo, das casas e das indústrias.

Para não causar danos à saúde da população ou risco à natureza, o esgoto deve ser tratado nas estações de tratamento e só depois despejado nas águas de algum rio ou do mar.

✽ Estação de tratamento de esgoto no Rio de Janeiro (RJ), 2009.

Nos lugares onde não há rede de esgoto, os dejetos devem ser recolhidos em fossas ou privadas higiênicas.

Para evitar a contaminação do lençol de água subterrâneo, as fossas e privadas precisam ficar bem afastadas dos poços e em um plano mais baixo do terreno, como mostra a ilustração.

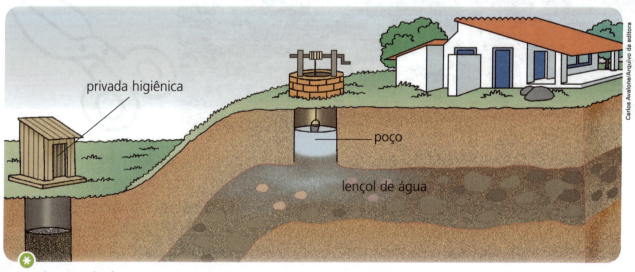

privada higiênica

poço

lençol de água

Local sem rede de esgoto

Unidade 4

O tema é...

Reciclagem e saneamento básico

Saneamento básico é o conjunto de medidas que visam preservar e modificar as condições do meio ambiente e promover a saúde das pessoas. Ele é importante para o bem-estar físico e psicológico da população. O saneamento básico é de responsabilidade do poder público. Mas o que cada um de nós pode fazer para contribuir com o meio ambiente e com o saneamento básico de nossa cidade?

Lixão a céu aberto na cidade de Itaberaba (BA). Não tratar os resíduos implica em muitas complicações, como contaminações do lençol freático, poluição, doenças para a população do entorno, entre outras.

○ Qual é o destino dos resíduos que saem da sua casa? Pesquise e descubra: na cidade onde você vive há uma estação de tratamento ou de distribuição e separação de resíduos para a reciclagem? Quais alternativas poderiam minimizar o impacto desses resíduos sobre o meio ambiente? Discuta com os colegas e o professor.

Reduzir, reutilizar e reciclar: os 3 Rs que ajudam o meio ambiente

Reciclar os resíduos (plástico, papel, vidro, lata e até mesmo restos de alimentos) contribui para o saneamento básico de nossa cidade, pois isso evita que eles sejam despejados no meio ambiente, contaminando o ar, as águas de rios, mares e do lençol freático, e o solo. A reciclagem ajuda também no abastecimento de água potável.

Mas o que o saneamento básico tem a ver com os 3 Rs (Reduzir, Reutilizar e Reciclar)? Quando reutilizamos objetos em casa, reduzimos o consumo de materiais. E quando damos o destino certo para os resíduos, reciclando-os, reduzimos o consumo de matérias-primas. Essa é a prática dos 3 Rs.

Quando tomamos medidas para diminuir o impacto do lixo sobre o meio ambiente, contribuímos também para que os serviços de saneamento não fiquem sobrecarregados e continuem atendendo a toda população. Além de ser bom para a cidade, essas medidas simples contribuem para um planeta mais limpo e sustentável.

Muitas pessoas trabalham nas ruas, recolhendo resíduos recicláveis. Essa é uma das formas de dar o destino certo para os resíduos. Em cidades que contam com esse tipo de serviço, quando os moradores separam seu lixo em casa, eles contribuem não só para o meio ambiente, como também para a renda dessas pessoas.

Um caminho para os resíduos são os centros de triagem, que os recebem já previamente separados pela população e lhes dão o destino certo. Além de ser uma alternativa para o meio ambiente, é também uma fonte de renda para o município.

- Agora que você conhece as opções de descarte de resíduos e já sabe que tipo de coleta é feita em sua cidade, em grupos montem uma apresentação para a escola falando da necessidade de reciclagem e de como medidas simples podem contribuir para o meio ambiente.

- Vocês também podem criar uma campanha de coleta seletiva na escola, caso não exista, e confeccionar e distribuir cartazes para que as pessoas adotem essa prática também em suas casas.

Atividades

1 Faça um **X** nos serviços de saneamento básico existentes onde você mora.

◯ coleta seletiva de lixo reciclável　　◯ distribuição de água tratada

◯ rede de esgoto　　◯ coleta de lixo

2 Leia o texto a seguir e responda às questões propostas.

A natureza recicla

A natureza não produz lixo.

Se uma velha árvore morre, por exemplo, ela vai ser transformada pela própria natureza em húmus e sais minerais, isto é, matéria orgânica. Essa matéria será utilizada no desenvolvimento de outros vegetais. A natureza só não consegue transformar alguns materiais criados pelo ser humano, como o plástico e o vidro.

a) Anote alguns tipos de materiais que você e sua família costumam jogar fora.

....

....

b) Esse lixo poderia ser reciclado ou reutilizado? Qual é a primeira providência a ser tomada para isso?

....

....

....

c) Antes de pensarmos em reutilizar e reciclar, há outra atitude muito importante que devemos tomar em relação ao lixo. Você saberia dizer qual é?

....

Algumas doenças e suas causas

Podemos adquirir doenças quando entramos em contato com certos seres vivos, como vermes e determinados microrganismos.

Doenças causadas por vermes

As doenças causadas por vermes são chamadas de **verminoses**.

Os vermes têm o corpo mole, pois não possuem esqueleto. Os que causam as verminoses são parasitas, isto é, vivem à custa de outro animal.

Veja a seguir quais são as verminoses mais comuns em nosso país.

Ascaridíase

É causada pela lombriga, ou ascáride, um verme que se instala no intestino e provoca dor de barriga, falta de apetite e enfraquecimento.

Uma pessoa pode contrair a ascaridíase quando ingere ovos do verme por meio de mãos sujas levadas à boca e pela ingestão de água e alimentos contaminados.

Os ovos do verme podem contaminar a água quando uma pessoa portadora da doença elimina suas fezes no ambiente. Se essa água for bebida ou usada para regar plantações, pode contaminar outras pessoas.

15 centímetros

✻ lombriga

Uma salada mal lavada ✻ pode conter ovos da lombriga, contaminando a pessoa que a come.

Marcel Jancovic/Shutterstock/Glow Images

Ilustra Cartoon/Arquivo da editora

Oxiurose ou enterobíase

É causada por um verme pequeno, de cor branca.

A contaminação ocorre pela ingestão de ovos do verme em alimentos por ele contaminados, da mesma forma que a ascaridíase. Mãos sujas e poeira contaminada também são formas de transmissão dessa doença.

O sintoma mais característico é a coceira no ânus. A pessoa pode, ainda, ter náusea, vômito, dores abdominais, diarreia e irritabilidade.

Oxiúro (ampliado 27 vezes).

Caramujo onde se aloja o verme causador da esquistossomose.

Esquistossomose

Também conhecida como barriga-d'água, essa doença é causada por um verme, o esquistossomo, que, quando adulto, vive nas veias do intestino e do fígado da pessoa contaminada, onde se reproduz.

As fêmeas põem milhares de ovos. Uma parte deles fica no organismo da pessoa e a outra sai nas fezes.

Quando a pessoa contaminada defeca em rios ou lagos, os ovos soltam larvas que se alojam no corpo de um caramujo de água doce, onde vão se desenvolver. Desses caramujos saem muitas larvas que se espalham pela água e podem penetrar na pele humana. Pelo sangue, as larvas chegam ao intestino, onde crescem e se transformam em vermes adultos.

A pessoa infectada fica com sérios problemas, como enfraquecimento e lesões no fígado.

Capítulo 19 – Algumas doenças e suas causas

Teníase

É causada por um verme achatado, conhecido como solitária. Pode-se adquirir a teníase por ingestão de carne de porco ou de boi malcozida contaminada com larvas dos vermes, os **cisticercos**.

A pessoa contaminada pode eliminar os ovos no ambiente por meio das fezes. Quando o animal ingere os ovos, eles dão origem a larvas que se instalam em sua carne, contaminando-a. Se uma pessoa comer essa carne malcozida, os vermes se desenvolverão dentro de seu intestino.

A teníase causa enjoo, diarreia e emagrecimento.

8 metros

✳ solitária

Ancilostomíase ou amarelão

A contaminação aqui se dá por penetração de larvas dos vermes através da pele, principalmente a dos pés, ou por ingestão de ovos do parasita.

Ancilóstomo (ampliado 15 vezes).

Uma vez no intestino da pessoa, a fêmea põe ovos, que são eliminados nas fezes. No solo, os ovos libertam larvas capazes de atravessar a pele humana. Pelo sangue, elas vão até o intestino, onde o verme se desenvolve. Como o verme fixa-se à parede intestinal e alimenta-se de sangue, a pessoa pode ter anemia, acompanhada de fraqueza e emagrecimento.

O amarelão pode ser causado por dois vermes diferentes: o *Ancylostoma duodenale* e o *Necator americanus*.

Prevenção e tratamento das verminoses

Uma importante forma de prevenção das verminoses é dar boas condições de vida à população e informá-la sobre como evitar a contaminação. É preciso que todos tenham moradias adequadas, com água tratada, banheiros e rede de esgoto, e tenham hábitos de higiene adequados, lavando sempre as mãos e higienizando os alimentos corretamente.

As verminoses são tratadas com remédios conhecidos como **vermífugos**.

As pessoas não podem tomar remédio sem receita médica, pois pode ser perigoso para a saúde. Um médico deve ser sempre consultado.

Para cada verminose, usa-se um remédio específico. E é preciso fazer um exame de fezes para saber se uma pessoa está ou não com algum tipo de verme.

Se o resultado do exame for positivo, isto é, indicar que a pessoa está com vermes, só o médico poderá receitar o vermífugo adequado.

No entanto, a prevenção por meio de saneamento básico ainda é a melhor maneira de acabar com as verminoses.

● Doenças causadas por microrganismos

Os **microrganismos** são seres tão pequenos que só podem ser vistos com o auxílio de um microscópio. As bactérias e os vírus são exemplos de microrganismos.

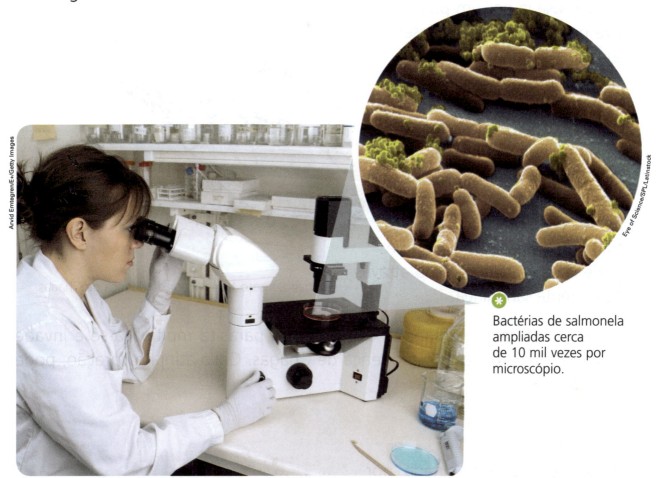

Bactérias de salmonela ampliadas cerca de 10 mil vezes por microscópio.

Nem todos os microrganismos provocam doenças. Alguns, por exemplo, podem ser utilizados na fabricação de alimentos que o ser humano consome, como os empregados na produção de pães e iogurtes.

Os microrganismos que causam doenças são chamados de patogênicos. Algumas das doenças causadas por eles são contagiosas, ou seja, uma pessoa que tem o microrganismo pode transmiti-lo a outra. O contágio pode ser direto ou indireto.

O contágio é direto quando uma pessoa sadia, ou seja, com boa saúde, pega o microrganismo de uma pessoa que está doente. Isso acontece se elas ficam próximas uma da outra. Dizemos que uma doença é de contágio indireto quando pode ser transmitida a alguém pelo uso de objetos contaminados, como talheres, lenços de papel, copos, entre outros.

Vamos conhecer um pouco mais sobre algumas doenças provocadas por microrganismos patogênicos, que podem ser contagiosas ou não.

Doença de Chagas

É causada por um parasita que vive no intestino de um inseto sugador de sangue, conhecido como barbeiro ou chupança. Ao picar uma pessoa, o barbeiro pode deixar no ferimento fezes contendo o parasita. As fezes provocam coceira e, ao se coçar, facilita-se a entrada do parasita na pele, que pode chegar até o coração através da corrente sanguínea.

Barbeiro, inseto transmissor da doença de Chagas.

Enquanto está no sangue da pessoa, o parasita multiplica-se e invade seus órgãos, provocando a doença de Chagas. Caso atinja o coração, pode levar à morte.

Dengue

A dengue é originada por um vírus transmitido ao ser humano pela picada de um mosquito.

A primeira transmissão acontece quando a fêmea do mosquito pica uma pessoa com o vírus, infectando-se. Ao picar outra pessoa, o inseto injeta nela o vírus.

Mosquito transmissor da dengue

O mosquito que transmite a dengue é chamado de *Aedes aegypti*. Podemos prevenir a dengue combatendo o mosquito transmissor.

Raiva

É causada por um vírus e pode acometer seres humanos, cães, gatos e outros mamíferos.

O animal doente transmite o vírus da raiva quando morde, lambe ou arranha outro animal ou uma pessoa.

Para prevenir a raiva, é preciso vacinar os cães e os gatos domésticos uma vez por ano e não deixá-los soltos na rua.

Em caso de mordida por qualquer animal mamífero, deve-se procurar com urgência assistência médica.

Cólera

É causada por uma bactéria denominada vibrião colérico, transmitida ao ser humano por meio de água ou alimentos contaminados.

Para prevenir a cólera, devemos tomar os cuidados básicos de higiene e saneamento (beber água filtrada ou fervida, lavar frutas e verduras e cozinhar bem os alimentos, especialmente peixes e outros animais que vivem na água).

Em lugares em que não há rede de saneamento, as fezes contaminadas podem chegar a um rio e, assim, contaminar os peixes. Elas podem, também, chegar às águas usadas nas plantações. As pessoas que comerem o alimento contaminado poderão ficar doentes.

A higienização correta dos alimentos, especialmente os consumidos sem cozimento, é muito importante para evitar doenças como a cólera.

Tétano

É causado por uma bactéria que vive na poeira, no lixo, no chão, em metais enferrujados e outros lugares. A bactéria do tétano penetra no organismo por meio de cortes, arranhões ou outros ferimentos.

Para prevenir o tétano, é importante desinfetar qualquer ferimento o mais rápido possível e tomar vacina antitetânica.

Tuberculose

É causada por uma bactéria conhecida como bacilo de Koch, que ataca vários órgãos, sobretudo o pulmão.

São formas de prevenir-se contra a tuberculose: tomar a vacina BCG, ter uma boa alimentação, praticar atividades ao ar livre e evitar o contato com pessoas doentes.

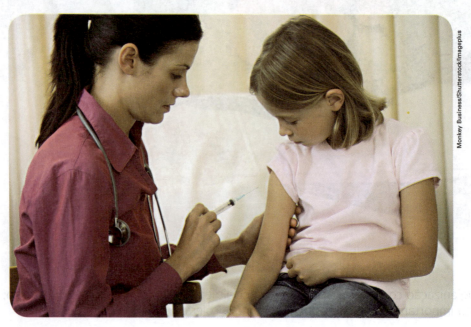

Muitas doenças contagiosas podem ser evitadas tomando-se vacinas. Observe a seguir o esquema básico de vacinação recomendado pelo Ministério da Saúde.

Calendário	Nomenclatura (RDC n. 64/2012 Anvisa)	Vacina BCG	Vacina hepatite B (recombinante)	Vacina adsorvida difteria, tétano, pertússis, hepatite B (recombinante) e *Haemophilus influenzae* B (conjugada) penta	Vacina poliomielite 1, 2 e 3 (inativada) e vacina poliomielite 1, 2 e 3 (atenuada) esquema sequencial	Vacina pneumocócica 10-valente (conjugada)	Vacina rotavírus humano G1P1 [8] (atenuada)	Vacina meningocócica C (conjugada)	Vacina febre amarela (atenuada)	Vacina sarampo, caxumba, rubéola	Vacina adsorvida difteria e tétano adulto
	Sigla	BCG	Hepatite B	Penta	VIP e VOP	Pneumo	Rotavírus	Meningo C	Febre amarela	Tríplice viral	Tríplice bacteriana
Criança	Ao nascer	Dose única	Dose ao nascer								
	2 meses			1ª dose	1ª dose (com VIP)	1ª dose	1ª dose				
	3 meses							1ª dose			
	4 meses			2ª dose	2ª dose (com VIP)	2ª dose	2ª dose				
	5 meses							2ª dose			
	6 meses			3ª dose	3ª dose (com VOP)	3ª dose					
	9 meses								Dose inicial		
	12 meses					Reforço				1ª dose	
	15 meses			1ª reforço (com DTP)	Reforço (com VOP)			Reforço		2ª dose	
	2 anos										
	4 anos			2ª reforço (com DTP)							
Adolescente	10 a 19 anos		3 doses						Uma dose a cada 10 anos	2 anos	Reforço a cada 10 anos
Adulto	20 a 59 anos		3 doses (até 49 anos)						Uma dose a cada 10 anos	1 dose (até 49 anos)	Reforço a cada 10 anos
Idoso	60 anos ou mais										Reforço a cada 10 anos
Gestante			3 doses								3 doses

Disponível em: <www.portalsaude.gov.br>. Acesso em: 4 abr. 2014.

Atividades

1 Leia o texto.

> Tem um negócio que os adultos falam que eu tenho certeza de que aborrece as crianças: "Vá lavar as mãos antes de comer! Ela está cheia de micróbios". "Não coma esse troço que caiu no chão!". "Lave logo o machucado, senão os micróbios tomam conta!" [...]
>
> **Ciência Hoje na Escola: corpo humano e saúde**. Rio de Janeiro: SBPC/Ciência Hoje, 1999.

○ Por que é importante ter cuidados com o corpo?

_____

_____

2 Complete as frases a seguir.

a) Para saber se uma pessoa está com algum tipo de verme, é preciso fazer um _____.

b) Também conhecida como _____, a _____ é causada por um verme, o _____, que vive nas veias do _____ e do fígado da pessoa contaminada, onde se reproduz.

3 O que pode acontecer com uma criança que brinca descalça em água contaminada por esgotos?

_____

_____

4 Por que devemos cozinhar muito bem a carne de boi e a de porco antes de ingeri-las?

_____

5 Cite a principal medida que deve ser tomada pelo governo para evitar que a população se contamine com verminoses.

....

....

○ Agora, cite algumas medidas que podem ser tomadas por você para evitar esse tipo de contaminação.

....

....

....

6 O que são doenças contagiosas?

....

....

7 Como ocorre a transmissão de uma doença por contágio direto?

....

....

8 Como ocorre a transmissão de uma doença por contágio indireto?

....

....

9 Peça ajuda a seus responsáveis para consultar sua carteira de vacinação. Compare-a com o quadro da página 169 e responda: você tomou todas as vacinas recomendadas para sua idade? Se não tomou, sabe dizer o motivo?

....

....

10 Para que servem as vacinas?

....

....

Primeiros socorros

Em qualquer lugar e hora estamos sujeitos a sofrer acidentes que podem causar ferimentos, queimaduras, fraturas ou outros danos. Muitos acidentes acontecem por falta de cuidado, atenção ou mesmo informação.

Em certos casos de acidente ou mal-estar, podem ser tomados alguns cuidados que ajudam a pessoa acidentada e, às vezes, até salvam sua vida. Esses cuidados são chamados de **primeiros socorros**.

Veja, a seguir, os primeiros socorros em alguns tipos de acidentes. E lembre-se: diante de toda situação de mal-estar ou ferimento, avise uma pessoa adulta, que terá mais condições de tomar as providências necessárias.

Ferimentos

- Lave a ferida com água limpa e sabão.
- Aplique água oxigenada (a de 10 volumes, nunca a de 20 volumes).
- Proteja o local temporariamente com gaze esterilizada e esparadrapo.
- Em caso de ferimento profundo, procure assistência médica.

Ilustra Cartoon/Arquivo da editora

● Sangramento nasal

- ○ Sente a pessoa um pouco inclinada para a frente, evitando que o sangue escorra para dentro da garganta.

- ○ Comprima as narinas com as pontas dos dedos, sem apertá-las demais, por 10 minutos.

- ○ Não deixe a pessoa fungar ou assoar o nariz.

- ○ Se o sangramento não parar, procure assistência médica.

● Desmaios

- ○ Deite a pessoa de costas e eleve suas pernas, mantendo-as elevadas por algum tempo. A elevação das pernas faz com que mais sangue chegue à cabeça, e a pessoa volta a si mais rapidamente.

- ○ Se ela estiver usando roupas apertadas, solte fivelas, botões e elásticos.

- ○ Aplique panos com água fria no rosto e na testa.

Ilustrações: Ilustra Cartoon/Arquivo da editora

● Queimaduras

- ○ Deixe o local atingido debaixo de água fria por alguns minutos. Não aplique sobre a queimadura pomadas, pasta de dentes ou outras substâncias.

- ○ Seque o local queimado com delicadeza e cubra-o com um pano limpo.

- ○ Se surgirem bolhas, não as fure. Procure assistência médica.

Insolação

- Leve a pessoa para um local bem arejado.

- Se ela estiver usando roupas apertadas, solte fivelas, botões e elásticos.

- Aplique-lhe compressas frias sobre a cabeça.

- Se a pessoa estiver consciente, estimule a ingestão de líquidos, de preferência água.

Fraturas

- Evite movimentar o acidentado.

- Imobilize o membro fraturado com o auxílio de talas.

- Em fraturas dos membros superiores, use uma tipoia: apoie o antebraço em uma faixa presa ao pescoço da pessoa.

- Procure assistência médica imediatamente.

Choque elétrico

- Antes de prestar socorro à pessoa, desligue o aparelho da tomada ou a chave geral da casa.

- Se a pessoa estiver grudada nos fios elétricos, não encoste nela nem nos fios; puxe-a com pedaços de madeira tentando livrá-la dos fios.

- Se ela estiver usando roupas apertadas, solte fivelas, elásticos e botões, caso seja necessário.

- Procure ajuda médica imediatamente.

● Picada de inseto

- Se o inseto deixou o ferrão no local da picada e se o ferrão for visível, tente tirá-lo com uma pinça.

- Lave bem o local com água e sabão.

- Se o ferrão estiver profundo demais para ser extraído ou se a pessoa for alérgica a picada de insetos, procure assistência médica imediatamente.

● Picada de cobra*

- Deite a pessoa no chão e evite que ela faça movimentos.

- Coloque a perna ou o braço que foi picado numa posição mais elevada.

- Leve a pessoa imediatamente ao serviço de saúde mais próximo para que possa receber o soro em tempo.

Atenção:

- Não faça torniquete: impedindo a circulação do sangue, você pode causar gangrena ou necrose.

POSTO DE ← SAÚDE

Ilustração: Ilustra Cartoon/Arquivo da editora

- Não corte o local da ferida nem aplique folhas, pó de café ou terra sobre ela para não provocar infecção.

- Não dê pinga nem querosene à pessoa, como é costume em algumas regiões do país.

* Esses cuidados foram extraídos do folheto educativo **Cobras: como evitar acidentes**, publicado pelo Instituto Butantã – São Paulo, SP.

1 Explique com suas palavras para que servem os primeiros socorros.

....

....

2 Você já viu alguma pessoa sendo socorrida? Conte como foi.

....

....

....

....

3 Os acidentes podem ocorrer em nossa casa, na escola, no trabalho, na rua ou em qualquer outro lugar.
Escreva quais são, em sua opinião, os cuidados mais importantes para evitar acidentes:

○ em casa:

....

....

○ na escola:

....

....

○ na rua:

....

....

....

4 Marque com um **X** as indicações sobre o que uma criança deve fazer para evitar acidentes.

○ Tomar cuidado com panelas sobre o fogão.

○ Só tomar remédio com indicação médica e sob a orientação de um adulto responsável.

○ Atravessar a rua sem olhar para os lados.

○ Pular muros.

○ Tomar cuidado com tesouras, agulhas e facas.

5 Leia:

> Por falta de hospitais e prontos-socorros, muitas pessoas doentes não conseguem atendimento médico.
>
> É preciso melhorar a qualidade de vida das pessoas, com medidas capazes de reduzir, e até mesmo de eliminar, algumas doenças.

● Troque ideias com seus colegas e o professor sobre esse assunto. Depois, registre as conclusões a que vocês chegaram.

Em minha opinião e na de meus colegas de classe, são estas algumas das medidas que podem ser tomadas para melhorar a qualidade de vida dos brasileiros:

....

....

....

....

....

....

Ideias em ação

Construindo um estetoscópio

O estetoscópio é um instrumento utilizado pelos médicos para escutar barulhos internos do nosso corpo, como os batimentos do coração, por exemplo.

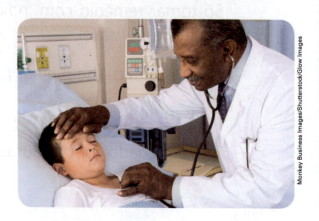

Monkey Business Images/Shutterstock/Glow Images

Material necessário

- 2 garrafas grandes de plástico
- massinha de modelar
- 1 mangueira de borracha ou plástico com cerca de 60 cm
- 1 rolo de fita crepe adesiva
- 1 tesoura sem ponta

Procedimentos

Primeira parte

1. Pegue as garrafas de plástico corte a parte do gargalo de modo a formar um funil.

2. Una cada um dos funis a uma das extremidades da mangueira e, se for necessário, vede bem com a massinha e prenda com a fita.

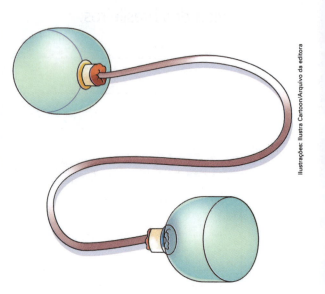

Ilustrações: Ilustra Cartoon/Arquivo da editora

Segunda parte

1. Aproxime uma extremidade do estetoscópio ao lado esquerdo do peito do seu colega, e a outra à sua orelha.

Ilustra Cartoon/Arquivo da editora

2. Marque 1 minuto no relógio e durante esse tempo conte quantas vezes os barulhos se repetem.

3. Agora, sob a orientação do seu professor faça polichinelos (pule abrindo e fechando as pernas, enquanto bate palmas sobre a cabeça) durante 30 segundos.

4. Marque novamente 1 minuto no relógio e durante esse tempo conte quantas vezes os barulhos se repetem.

Observação e conclusão

o Converse com seus colegas, para dar explicações ao que estes barulhos podem estar associados.

o Os barulhos que você escuta se repetem? Compare a quantidade de repetições dos barulhos em cada situação e tente explicar o que aconteceu.

....

....

....

....

....

Unidade 4

Livros

A árvore maravilhosa

John Kilaka. São Paulo: WMF Martins Fontes, 2010.

Segundo uma história tradicional africana, os animais viveram, por muito tempo, unidos e felizes. Um dia, por falta de chuva, a terra secou e o alimento acabou. Encontraram uma árvore enorme, carregada de frutos suculentos, mas não conseguiam pegá-los. Até que a coelha teve uma boa ideia.

A história de Chico Mendes para crianças

Fátima Reis. São Paulo: Prumo, 2010.

Chico Mendes foi seringueiro desde os 9 anos. Tinha um sonho: aprender a ler. Só pôde realizá-lo quando jovem, graças à ajuda de um amigo. Com esse amigo, Euclides, compartilhou outros sonhos, entre os quais o de defender a floresta contra pessoas gananciosas. Perdeu a vida por isso, mas continua até hoje alimentando o sonho de outras pessoas.

Era uma vez uma gota de chuva

Judith Anderson. São Paulo: Scipione, 2011.

História da chuva contada sob o olhar de duas crianças curiosas. Elas acompanham o "ciclo da água", desde que esta cai sob a forma de gotinhas, penetra na terra ou escorre pelos canos e córregos até chegar ao mar. Aquecida pelo sol, evapora, forma nuvens, e o ciclo recomeça.

Histórias de bichos brasileiros

Vera do Val. São Paulo: WMF Martins Fontes, 2010.
Jabutis, macacos, coelhos, onças, cotias, tartarugas são personagens de contos brasileiros, aqui revisitados e recontados por quem foi "escarafunchá-los" na memória onde se imprimiram desde a tenra infância.

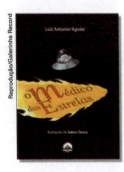

O médico das estrelas

Luiz Antonio Aguiar. Rio de Janeiro: Galerinha Record, 2009.

Os pacientes do médico das estrelas são naturalmente esquentados. Por exemplo, a Mamãe Estrela, cujo endereço era uma das constelações mais elegantes da galáxia. O problema era com o filho que, de tão triste, não queria se alimentar. Tudo porque desejava se tornar um cometa para viajar e dar *shows* no céu.

O menino da Terra

Ziraldo. São Paulo: Melhoramentos, 2012.

O chinesinho Nan ganhou, no dia de seu aniversário, uma nave completa, pronta para passear pelo espaço sideral. Depois de muito tempo, durante o qual divertiu-se e fez descobertas, voltou à Terra. Mas o planeta azul havia se transformado numa enorme bola marrom, completamente arrasada. Nan voltou à nave e continuou sua aventura em busca de um planeta verde, seguindo a instrução de seu pai, deixada no painel da nave.

O nascimento do Universo

Judith Nuria Maida. São Paulo: Ática, 2009.

A mais antiga de todas as histórias – a origem de tudo – relatada mediante a combinação dos ensinamentos científicos, das imagens e das ilustrações. O resultado é uma exploração das grandes questões que expressa o poder da curiosidade humana e o fascínio pelo desconhecido.

O rei borboleta

Dionísio Jacob. São Paulo: Scipione, 2012.

Mário Meira, o famoso colecionador de borboletas, um dia resolve sair em busca da única espécie que falta em sua coleção, a raríssima Borboleta Imperial Randômica. Essa espécie é encontrada apenas na distante e exótica ilha de Mirabela, para onde também parte Afrânio Passoca, seu maior rival. Na ilha, Mário vai viver uma experiência fantástica e surpreendente, que mudará definitivamente sua vida.

Site@

Discovery Kids

http://discoverykidsbrasil.uol.com.br/jogos/o-corpo/

Por meio de divertidos jogos, este *site* demonstra o funcionamento de alguns sistemas do corpo humano, além de trazer uma série de curiosidades sobre eles.

@ *Site* acessado em: 7 dez. 2014.

Glossário

Agropecuária (p. 46):

prática da agricultura e da pecuária como relações conjuntas.

Asteroides (p. 16):

pequenos corpos celestes que gravitam em torno do Sol.

Biodiversidade (p. 46):

conjunto de todas as espécies de seres vivos existentes em determinada região ou época.

Brânquias (p. 113):

estrutura do órgão respiratório da maioria dos animais aquáticos.

brânquias

Ciclones (p. 64):

violentas tempestades de ventos.

Cometas (p. 14):

astros formados por pedaços de rocha e gelo.

Dejetos (p. 157):

fezes e urina, por exemplo.

Desgaste (p. 45):

envelhecimento, ruína.

Despoluição (p. 82):

ato ou efeito de eliminar ou reduzir a poluição.

Eclodem (p. 118):

tornam-se maiores, mais abertos; aparecem.

Elípticas (p. 11):

em formas ovaladas, que lembram um círculo achatado.

Fecundação (p. 104):

processo de dar origem; procriação.

Gotículas (p. 59):

gotas muito pequenas.

Granizo (p. 55):

pedra de gelo que cai em forma de "chuva".

Granizo acumulado no chão.

Hemisfério (p. 24):

divisão da Terra em duas partes: Norte e Sul.

Incida (verbo Incidir) (p. 24):

caia.

Indícios (p. 17):

pistas; algo que indica a existência de uma outra coisa.

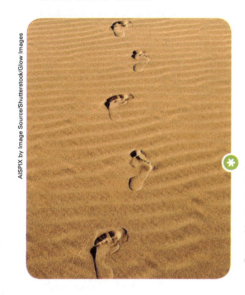

✳ As pegadas na areia são um indício de que um ser humano passou por esse lugar.

Matéria (p. 17):

tudo aquilo que tem massa e ocupa lugar no espaço.

Mitologia (p. 12):

conjunto das lendas de determinado povo; no caso, dos povos gregos.

Partículas (p. 17):

corpo muito pequeno; pequenos pedaços.

Patogênicos (p. 165):

que podem provocar, direta ou indiretamente, doenças.

Purificação (p. 53):

limpeza, recuperação.

Órbita (p. 14):

trajetória do astro.

Óvulos (p. 104):

células femininas da reprodução.

Reciclagem (p. 84):

modificação e reaproveitamento de materiais para obtenção de novos produtos.

Remete (p. 46):

que fala sobre, refere-se a algo.

Resíduos (p. 157):

sobras, restos.

Restabelecimento (p. 46):

recuperação.

Salinização (p. 46):

formado por sal, excesso de sal.

Solvente (p. 52):

líquido capaz de dissolver um grande número de substâncias.

Supernova (p. 17):

estrela que está em sua última etapa da vida. Ela apresenta cor avermelhada e tem massa tão gigantesca que acaba explodindo e espalhando matéria pelo espaço.

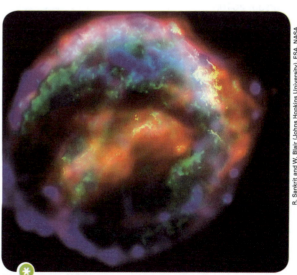

✳ Supernova SN 1604

Bibliografia

ALENCAR, E. S. de (Org.). *Novas contribuições da psicologia aos processos de ensino e aprendizagem*. 4. ed. São Paulo: Cortez, 2001.

ANTUNES, C. *Jogos para a estimulação das múltiplas inteligências*. 12. ed. Petrópolis: Vozes, 2003.

ARMSTRONG, A.; CASEMENT, C. *A criança e a máquina*: como os computadores colocam a educação de nossos filhos em risco. Porto Alegre: Artmed, 2001.

ARRIBAS, T. L. *Educação infantil*: desenvolvimento, currículo e organização escolar. 5. ed. Porto Alegre: Artmed, 2004.

BARBOSA, L. M. S. *Temas transversais*: como utilizá-los na prática educativa. Curitiba: IBPEX, 2007.

BARCELOS, V. *Octávio Paz – da ecologia global à educação ambiental na escola*. Lisboa: Instituto Piaget, 2007.

BRANCO, S. M. *Viagem ao redor do Sol*. 2. ed. São Paulo: Moderna, 2003.

BRASIL. Ministério da Educação. *Ensino Fundamental de nove anos*: Orientações para a Inclusão da Criança de Seis Anos de Idade. Brasília: MEC/SEB/FNDE, 2006.

BRASIL. Ministério da Educação. *Pró-letramento*: programa de formação continuada de professores das séries iniciais do ensino fundamental. Brasília: MEC/SEB/FNDE, 2006.

_____. Secretaria de Educação Fundamental. *Parâmetros curriculares nacionais*: ciências naturais, meio ambiente e saúde. Brasília: MEC/SEF, 1997.

_____. Secretaria de Educação Fundamental. *Parâmetros curriculares nacionais*: temas transversais – apresentação, ética, pluralidade cultural, orientação sexual. Brasília: MEC/SEF, 1997.

_____. Secretaria de Educação Fundamental. *Referencial curricular nacional para educação infantil*. Brasília, 1998.

CALLENBACH, E. *Ecologia*: um guia de bolso. São Paulo: Peirópolis, 2001.

CANIATO, R. *Com Ciência na Educação*. Campinas: Papirus, 2003.

CAPRA, F. et al. *Alfabetização ecológica*: a educação das crianças para um mundo sustentável. São Paulo: Cultrix, 2006.

CARVALHO, F. C. A. *Tecnologias que educam*. São Paulo: Pearson, 2010.

CIÊNCIA HOJE NA ESCOLA. Rio de Janeiro: SBPC/Ciência Hoje, 2000.

CIÊNCIA VIVA. *A construção do conhecimento*. São Paulo: Meca, 2001.

COELHO, M. I. M.; COSTA, A. E. B. (Col.). *A educação e a formação humana*. Porto Alegre: Artmed, 2009.

CUNHA, N. H. S. *Criar para brincar*: a sucata como recurso pedagógico. São Paulo: Aquariana, 2005.

DELIZOICOV, D.; ANGOTTI, J. *A metodologia do ensino de ciências*. São Paulo: Cortez, 1990.

DEVRIES, R. et al. *O currículo construtivista na educação infantil*: práticas e atividades. Porto Alegre: Artmed, 2004.

DOW, K.; DOWNING, T. E. *O atlas da mudança climática*. São Paulo: Publifolha, 2007.

EINZIG, M. J. (Ed.). *Manual de primeiros socorros às emergências infantis*. São Paulo: Martins Fontes, 1995.

ESTEBAN, M. T. *O que sabe quem erra? Reflexões sobre avaliação e fracasso escolar*. 4. ed. Rio de Janeiro: DP&A, 2006.

FAZENDA, I. C. A. *Didática e interdisciplinaridade*. Campinas: Papirus, 2010.

GADOTTI, M. *Pedagogia da terra*. São Paulo: Peirópolis, 2000.

GARDNER, H. *Inteligências múltiplas*: a teoria na prática. Porto Alegre: Artmed, 1995.

GOULART, I. B. *Piaget*: experiências básicas para utilização pelo professor. Petrópolis: Vozes, 2003.

GREIG, P. *A criança e seu desenho*: o nascimento da arte e da escrita. Porto Alegre: Artmed, 2004.

GUIMARÃES, M. *A formação de educadores ambientais*. Campinas: Papirus, 2004.

GUZZO, V. *A formação do sujeito autônomo*: uma proposta da escola cidadã. Caxias do Sul: Educs, 2004.

HOFFMANN, J. *Avaliar para promover*: as setas do caminho. Porto Alegre: Mediação, 2009.

KOHL, M. F. *Iniciação à arte para crianças pequenas*. Porto Alegre: Artmed, 2005.

KRAEMER, L. *Quando brincar é aprender*. São Paulo: Loyola, 2007.

LEGAN, L. *A escola sustentável*: eco-alfabetizando pelo ambiente. São Paulo: Imesp; Pirenópolis: Ecocentro/Ipec, 2007.

LUCKESI, C. C. *Avaliação da aprendizagem escolar*: estudos e proposições. 18. ed. São Paulo: Cortez, 2006.

MARZANO, R. J.; PICKERING, D. J.; POLLOCK, J. E. *O ensino que funciona*: estratégias baseadas em evidências para melhorar o desempenho dos alunos. Porto Alegre: Artmed, 2008.

MINOZZO, E. L.; ÁVILA, E. P. de. *Escola segura*: prevenção de acidentes e primeiros socorros. Porto Alegre: AGE, 2006.

MOYLES, J. R. et al. *A excelência do brincar*. Porto Alegre: Artmed, 2006.

OLIVEIRA, Z. R. de. *Educação Infantil*: fundamentos e métodos. São Paulo: Cortez, 2002.

PANIAGUA, G.; PALACIOS, J. *Educação infantil*: resposta educativa à diversidade. Porto Alegre: Artmed, 2007.

PERRENOUD, P. et al. *A escola de A a Z*: 26 maneiras de repensar a educação. Porto Alegre: Artmed, 2005.

REIGOTA, M. (Org.). *Verde cotidiano*: o meio ambiente em discussão. 2. ed. Rio de Janeiro: DP&A, 2001.

REVISTA NOVA ESCOLA. São Paulo: Abril.

ROEGIERS, X. *Aprendizagem integrada*: situações do cotidiano escolar. Porto Alegre: Artmed, 2006.

SÁNCHES, P. A.; MARTÍNEZ, M. R.; PEÑAVER, I. V. A. *Psicomotricidade na Educação Infantil*. Porto Alegre: Artmed, 2003.

SANCHO, J. M. et. al. *Tecnologias para transformar a educação*. Porto Alegre: Artmed, 2006.

SCHILLER, P; ROSSANO, J. *Ensinar e aprender brincando*: mais de 750 atividades para Educação Infantil. Porto Alegre: Artmed, 2008.

SILVA, J. F. da; HOFFMANN, J.; ESTEBAN, M. T. (Org.). *Práticas avaliativas e aprendizagens significativas*. Porto Alegre: Mediação, 2003.

VILLAS BOAS, B. M. de F. *Virando a escola do avesso por meio da avaliação*. Campinas: Papirus, 2008.

Material de apoio

4º ANO

Caderno de experiências

Lupa: Sanake3d/Shutterstock/Glow Images; Joaninha: Ilona Baha/Shutterstock/Glow Images.

editora scipione

Permeabilidade dos solos

Material necessário

o 2 garrafas plásticas transparentes de 2 litros;

o 2 chumaços de algodão;

o 2 copos com água;

o luvas;   o areia;

o relógio;   o argila.

Procedimentos

1. Com o auxílio de um adulto, corte as garrafas plásticas ao meio.

2. Coloque um chumaço de algodão no gargalo de cada garrafa, sem apertar muito.

3. Encaixe a parte superior de cada garrafa dentro da parte inferior, com o gargalo virado para baixo, formando um funil.

4. Utilizando as luvas, coloque uma quantidade de areia em um funil e a mesma quantidade de argila no outro funil, sem comprimi-las.

5. Despeje um copo de água sobre cada amostra e marque o tempo que a água leva para atravessar a areia e a argila.

6. Compare a quantidade de água recolhida e o tempo gasto nos dois recipientes.

Conclusão

Qual solo é mais permeável? Explique.

....

....

....

Construindo um relógio de água

Material necessário

- 1 garrafa plástica transparente de 2 litros com tampa;
- 1 prego fino;
- água.

Procedimentos

1. Com o auxílio de um adulto, corte a garrafa plástica ao meio e fure a tampa com o prego.

2. Encaixe a parte superior da garrafa dentro da parte inferior, com o gargalo virado para baixo, formando um funil.

3. Coloque a água na parte superior da garrafa e observe-a pingar.

4. De hora em hora, faça um traço no recipiente em que a água pinga, marcando o nível do líquido. Repita esse procedimento até que toda a água passe pelo furo.

Não brinque com o prego. Você pode se machucar! Peça sempre ajuda a um adulto!

Ilustrações: Ilustra Cartoon/Arquivo da editora

Observação e conclusão

Quanto tempo a água levou para passar pelo funil?

....

Agora, esvazie o recipiente coletor e encha novamente com água a parte superior da garrafa (funil). Marque o tempo que você leva para fazer alguma atividade utilizando o relógio de água.

....

Formando nuvens

Material necessário

- 1 garrafa plástica transparente de 2 litros;
- filme plástico;
- água quente;
- 1 funil;
- cubos de gelo.

Procedimentos

1. Peça a um adulto que, com o auxílio do funil, encha a garrafa com a água quente (não use água fervendo, pois o plástico pode derreter).

2. Deixe a água descansar durante cinco minutos.

3. Depois retire mais da metade da água da garrafa.

4. Volte a colocar o funil no gargalo e, dentro dele, coloque alguns cubos de gelo.

5. Feche o funil com filme plástico.

Ilustrações: Ilustra Cartoon/Arquivo da editora

Observação e conclusão

O que aconteceu?

....

....

Por que isso aconteceu? Discuta com os colegas.

Poluição da água

Todos os dias, esgotos, produtos químicos e outros detritos são despejados nas reservas de água do mundo. Essa poluição está afetando não somente os peixes, mas toda a vida na Terra.

As plantas obtêm a água do solo. Se a água estiver poluída, as plantas também poderão absorver a poluição. Os organismos vivos que comerem essas plantas também estarão ingerindo esses poluentes.

Projetos para um planeta saudável: experimentos ambientais simples para crianças, de Shar Levine e Allison Grafton. São Paulo: Augustus, 1998. (Texto adaptado).

Vamos verificar como a água poluída pode penetrar nas plantas?

Material necessário

- 1 recipiente com água;
- 1 flor branca;
- corante para alimentos (azul ou vermelho).

Procedimentos

1. Peça a um adulto que apare o caule da flor.

2. Coloque no recipiente algumas gotas de corante até que ele se espalhe por toda a água. Imagine que o corante é a poluição.

3. Coloque a flor dentro do recipiente. Garanta que a ponta do caule da flor esteja mergulhada na água com corante. Deixe a flor assim por algumas horas.

Ilustrações: Ilustra Cartoon/Arquivo da editora

Observação e conclusão

O que aconteceu com a flor?

....

Se o corante representa a poluição, o que você pode concluir?

....

Como funciona um termômetro

Material necessário

- 1 prego;
- 3 copos de vidro;
- 3 tubos de ensaio com rolha;
- 3 canudos grossos;
- 1 recipiente plástico;
- massa de modelar;
- corante para alimentos;
- água bem gelada;
- água bem quente;
- água à temperatura ambiente.

Tenha cuidado ao manusear copos de vidro e água quente. E não brinque com o prego. Você pode se ferir!

Procedimentos

1. Peça a um adulto que, com o prego, faça um furo em cada rolha. Introduza os canudos nesses furos e tampe os tubos de ensaio.

2. Para vedar, passe massa de modelar ao redor dos canudos e das rolhas.

3. Coloque um pouco de água sob temperatura ambiente no recipiente plástico e misture-a com algumas gotas do corante.

4. Despeje a água colorida dentro dos tubos através dos canudos. A água deve subir até a metade de cada canudo. Marque com uma caneta o nível da água nos três tubos.

Ilustrações: Ilustra Cartoon/Arquivo da editora

5. Coloque os tubos de ensaio (eles são os termômetros) dentro dos copos.

6. Com a ajuda de um adulto, despeje no primeiro copo a água bem gelada; no segundo, a água bem quente; e no terceiro, a água sob temperatura ambiente.

Ilustrações: Ilustra Cartoon/Arquivo da editora

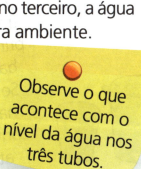

Observe o que acontece com o nível da água nos três tubos.

Observação e conclusão

Agora, registre o que aconteceu:

o no tubo com água gelada

....

....

o no tubo com água quente

....

....

o no tubo com água sob temperatura ambiente

....

....

Com base nessas observações, o que você conclui?

....

....

....

....

....

Comprovando a pressão do ar

O ar tem uma força poderosa. Para comprovar isso, você pode fazer o truque do copo mágico. Veja a seguir como é fácil.

Material necessário

- copo com borda lisa;
- pedaço de papelão;
- água.

Atenção! É bom treinar este truque primeiro sobre uma bacia de plástico. Se não funcionar na primeira vez, continue tentando até conseguir.

Procedimentos

1. Encha o copo com água até a metade. Coloque o papelão sobre a boca do copo, tampando-o bem.

2. Firme a palma da mão sobre o papelão e, com cuidado, vire o copo de boca para baixo. Em seguida, solte o papelão.

Ilustrações: Ilustra Cartoon/Arquivo da editora

Observação e conclusão

O que aconteceu com o papelão?

....

E com a água do copo? Ela caiu?

....

Por que você acha que isso aconteceu?

....

....

....

Material de apoio

Caderno de criatividade e alegria

4º ANO

Goritza/Shutterstock/Glow Images

editora scipione

Você sabia que nem tudo que é gostoso é saudável?

É preciso saber quanto e com que frequência comer.

Veja na tabela abaixo quais alimentos podem ser consumidos à vontade e quais não devem.

Que tal relembrar algumas propriedades que cada tipo de alimento possui?

- Frituras e alimentos gordurosos devem ser evitados, pois podem causar danos à saúde, como o aumento de colesterol.

- Hortaliças e frutas são sempre bem-vindas. Elas têm muitas vitaminas e são gostosas.

- Massas, como pães, biscoitos e macarrão, são nossa principal fonte de energia. Mas, se consumidas além do necessário, podem fazer mal à saúde. Portanto, não devem ser o único tipo de alimento que você come. Prefira as massas integrais, que são mais nutritivas.

- As carnes são importantes fontes de proteína, responsável pela formação dos tecidos de nosso corpo. Dê preferências às carnes magras.

- Doces são muito gostosos, mas são ricos em açúcar e quase não têm vitaminas. Portanto, devem ser consumidos em pequenas quantidades e com pouca frequência.

Ilustrações: Ilustra Cartoon/Arquivo da editora

- A pirâmide alimentar está sem legendas. Recorte as fichas que estão no fim da página e cole-as nos lugares corretos. Em seguida, veja se sua alimentação é parecida com a da pirâmide.

Disponível em: <http://www.sbp.com.br/pdfs/14297e1-cartaz_piramide.pdf>. Acesso em: 01 maio 2015.

Pães, cereais, arroz, massas, tubérculos e raízes (comer em maior quantidade e frequência).	Carnes, aves, peixes, frutos do mar, leguminosas, ovos e sementes (2 a 3 porções diárias).	Verduras e legumes (3 a 5 porções diárias).
Gorduras, óleos e doces (consumo restrito).	Leite, iogurte e queijo (2 a 3 porções diárias).	Frutas (2 a 4 porções diárias).

A formação dos continentes

Há 200 milhões de anos, existia um único continente: a Pangeia.

A Pangeia se dividiu lentamente em grandes pedaços, que se afastaram uns dos outros.

Esses pedaços transformaram-se nos continentes atuais: a Eurásia (Europa e Ásia), a América, a África, a Oceania e a Antártida.

Os continentes continuam se deslocando: a América afasta-se 2 cm por ano da Europa e da África. Por sua vez, a América e a Ásia se aproximam. É possível que um dia os continentes voltem a formar um único bloco!

O planeta Terra, de Sylvie Baussier. São Paulo: Moderna, 2007. (Criança curiosa).

Jorge Butsuem/Arquivo da editora

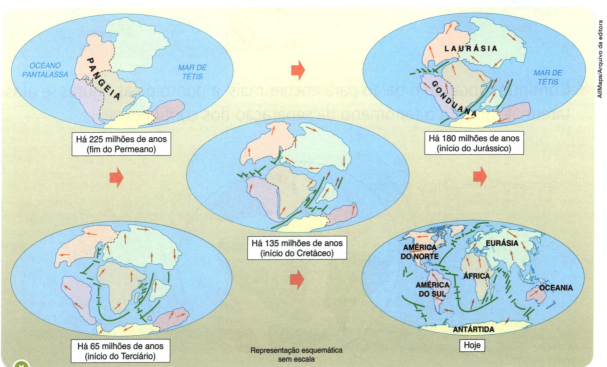

AllMaps/Arquivo da editora

Há 225 milhões de anos (fim do Permeano)

Há 180 milhões de anos (início do Jurássico)

Há 135 milhões de anos (início do Cretáceo)

Há 65 milhões de anos (início do Terciário)

Representação esquemática sem escala

Hoje

Os continentes atuais faziam parte de um único bloco chamado Pangeia.

Adap.: CHARLIER, Jacques (Dir.). **Atlas du 21ᵉ siècle édition 2010**. Groningen: Wolters-Noordhoff; Paris: Éditions Nathan, 2009. p. 179.

Vamos ver como os continentes se separaram? Siga os passos para entender o que aconteceu com a Pangeia.

Material necessário

- 1 balão azul;
- fita dupla face.

Como fazer

1. Recorte as peças (continentes) da página a seguir.

2. Infle o balão apenas o suficiente para colar os continentes, com a fita dupla face, bem próximos um do outro, como era na Pangeia. Se você tiver dúvida de como dispor os continentes, observe o mapa da página anterior.

Ilustrações: Ilustra Cartoon/Arquivo da editora

3. Continue soprando o balão para encher mais, a ponto de as figuras se afastarem, ilustrando o fenômeno da separação dos continentes.

Revista **Professor Sassá**. São Paulo: Minuano, ano III, n. 29. p.40-43. (Texto adaptado).

Recortes para a atividade da página anterior:

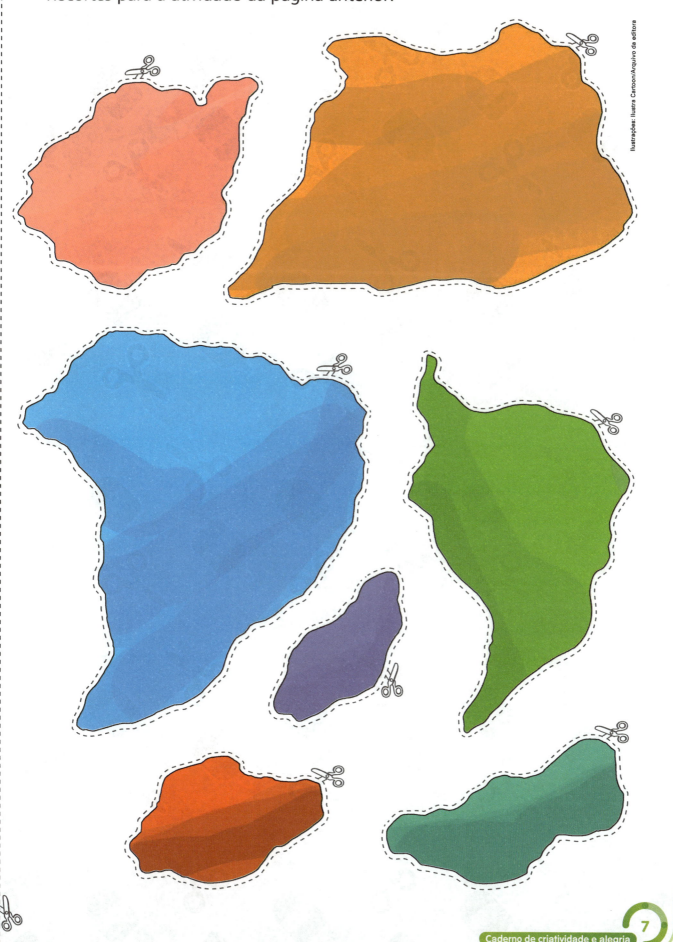

Ilustrações: Ilustra Cartoon/Arquivo da editora

William Radcliffe/Science Faction/Corbis/Latinstock

Mercúrio

- É o planeta mais próximo do Sol.
- **Distância média do Sol**: aproximadamente 58 milhões de quilômetros.
- **Diâmetro**: cerca de 4880 quilômetros.
- **Rotação**: 58 dias.
- **Translação**: 88 dias.
- **Luas**: nenhuma.

Nasa/SPL/Latinstock

Vênus

- 2º planeta mais próximo do Sol.
- **Distância média do Sol**: aproximadamente 108 milhões de quilômetros.
- **Diâmetro**: cerca de 12100 quilômetros.
- **Rotação**: 243 dias.
- **Translação**: 225 dias.
- **Luas**: nenhuma.
- **Curiosidade**: em razão dos gases de sua atmosfera, é o planeta mais quente do Sistema Solar, com temperatura máxima de 482 °C.

Sailorr Shutterstock/Glow Images

Terra

- 3º planeta mais próximo do Sol.
- **Distância média do Sol**: aproximadamente 150 milhões de quilômetros.
- **Diâmetro**: cerca de 12760 quilômetros.
- **Rotação**: 1 dia.
- **Translação**: 365 dias e 6 horas.
- **Luas**: 1, a Lua.
- **Curiosidade**: é o único planeta do Sistema Solar que possui água em seu estado líquido e formas de vida conhecidas.

US Geological Survey/SPL/Latinstock

Marte

- 4º planeta mais próximo do Sol.
- **Distância média do Sol**: aproximadamente 228 milhões de quilômetros.
- **Diâmetro**: cerca de 6790 quilômetros.
- **Rotação**: 1 dia e 40 minutos.
- **Translação**: 687 dias.
- **Luas**: 2, Fobos e Deimos.

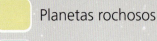

Planetas rochosos

Planetas gasosos (sem massa sólida)

Sol

- É a estrela ao redor da qual orbitam os planetas do Sistema Solar.
- É muito maior do que os planetas do Sistema Solar.
- **Diâmetro**: cerca de 1,4 milhão de quilômetros.

Júpiter

- 5º planeta em ordem de distância do Sol.
- **Distância média do Sol**: aproximadamente 778 milhões de quilômetros.
- **Diâmetro**: cerca de 142 980 quilômetros.
- **Rotação**: 9 horas e 50 minutos.
- **Translação**: 12 anos.
- **Luas**: 63, das quais as 4 maiores são Io, Europa, Ganimedes e Calisto.
- **Curiosidade**: é o maior planeta do Sistema Solar.

Saturno

- 6º planeta em ordem de distância do Sol.
- **Distância média do Sol**: aproximadamente 1,4 bilhão de quilômetros.
- **Diâmetro**: cerca de 120 540 quilômetros.
- **Rotação**: 10 horas e 23 minutos.
- **Translação**: 29,5 anos.
- **Luas**: 47, das quais as mais estudadas são Encélado e Titã.

Urano

- 7º planeta em ordem de distância do Sol.
- **Distância média do Sol**: aproximadamente 2,9 bilhões de quilômetros.
- **Diâmetro**: cerca de 51 120 quilômetros.
- **Rotação**: 17 horas e 52 minutos.
- **Translação**: 84 anos.
- **Luas**: 27, das quais as maiores são Titânia e Oberon.

Netuno

- 8º planeta em ordem de distância do Sol.
- **Distância média do Sol**: aproximadamente 4,5 bilhões de quilômetros.
- **Diâmetro**: cerca de 49 530 quilômetros.
- **Rotação**: 16 horas e 11 minutos.
- **Translação**: 165 anos.
- **Luas**: 13, e a maior delas é Tritão.

O Sistema Solar